像哲學家一樣會思考

張瑋、沈文婕 著
饅頭說團隊 出品

萬里機構

作者序

一九九八年夏天，我如願提前考進了復旦大學的文科基地班。這是由學校中文、歷史、哲學三個系抽調精英教授，進行小班授課，通學文、史、哲三個學科。作為一個從小就喜歡文科的人來說，能在心儀的大學讀這樣一個專業，無疑像「老鼠掉進米缸裏」。但開心之後也有一些忐忑：對我來說，中文自然是喜歡的，歷史更是感興趣，但唯獨哲學，自己是既不明白，也不感興趣。

那時的我實在是想不明白：學哲學到底有甚麼用？

第一學期的哲學課是「哲學概論」，由復旦大學哲學系的著名教授王德峰老師主講。王老師的「哲學概論」課在整個學校都很有名，我們每節課都要提前去佔座，因為會有很多其他系的同學來旁聽「蹭課」。然而，一學期下來，我去聽的次數不超過五次，其他的我都逃掉了——實在是對哲學不感甚麼興趣。但在這門課的期末考試中，我卻是全班為數不多得A的一個。回想起來這件事至今還覺得慚愧，這是因為我考試前一週，問上一屆的一位學霸學姐借了她詳盡的聽課筆記，硬是生吞活剝把整本筆記給背下來了。

但也恰恰是因為這整整一週的強迫性自學，讓我第一次對哲學這門學科有了最初步的了解，進而對一系列問題產生好奇：**哲學的起點是甚麼？任務是甚麼？知識和智慧的區別是甚麼？人是甚麼？人怎麼認識到自己的存在？人生的意義在哪裏？**

後來，儘管這門課我早就通過了，但我自己還是去買了一本王德峰老師的《哲學導論》。

真正讓我開始對哲學感興趣的，是大二時上的西方哲學史課程。

這門課由時年不到四十歲的哲學系教授汪堂家老師主講。他兩個學期的課，我一節也沒有缺席過。現在想來，自己之所以能夠堅持到底，一來可能因為這門課是以「歷史」的形式來講哲學，條理清晰，脈絡分明；二來是因為開篇從「古希臘哲學」起始，一路往下，由淺及深，循序漸進。

古希臘哲學從「法理」上本就應該是西方哲學史的源頭，同時這段時期的哲學又為現代科學和現代哲學鋪設了道路，可謂「開天闢地」，又影響深遠，所以確實是任何哲學學習和研究都不能跳過的。更關鍵的是，古希臘哲學——尤其是前期和中期——湧現出了一大批性格脾氣各有特點的哲學名家，他們提出的觀點和想法既樸實無華又引人深思，很容易把人領進哲學的殿堂。對於我來說，那些名字很熟悉但形象很模糊的古希臘著名哲學家，也開始慢慢清晰起來：泰利斯、畢達哥拉斯、德謨克利特、蘇格拉底、柏拉圖、亞里士多德……

毫無疑問，古希臘哲學是了解整個西方思想史乃至西方文明的第一站。

確實，「古希臘哲學」太適合作為了解西方哲學的啟蒙課了，在兩千多年前，是那些最出類拔萃的古希臘智者們日夜思考的嚴肅問題：

構成世界的本源是甚麼？究竟是水，是火，是氣，還是原子？

日蝕到底是怎麼回事？

為甚麼會有閃電和雷鳴？

為甚麼會有流星？

月亮上有人嗎？

奧林匹斯山上的神究竟是甚麼樣的？

是他們在掌管人間的一切嗎？

人為甚麼能看到物體，聞到花香，嚐到美味？

阿基里斯作為「飛毛腿」，為甚麼追不上烏龜？

這個世界上，「運動」真的存在嗎？

作為掌握現代科學知識的成年人，現在我們會覺得這些問題很幼稚，但那只是因為先輩們的科學研究讓我們知道了背後的原理，而我們的先輩們認識到這些原理，也是從懵懂無知到胸有成竹，從大膽想像到小心求證，經歷了一個漫長的過程。促成他們不斷去研究、實驗和探索的一大動力，就是想搞清楚世界的本源和萬事萬物運行規律的那份好奇心。換句話說，科學的重要源泉之一，是哲學。

黑格爾說過一句話：「**哲學就是哲學史。**」所以，這本書其實是一本「古希臘哲學簡史」。從古希臘早期的哲人泰利斯開始，到希臘化時期的芝諾，這本書一共介紹了十五位著名的古希臘哲學家。

十五位哲學家，其實就是十五個故事。

我們希望通過這樣的一種方式，用一條條理清晰的脈絡，為大家初步了解古希臘哲學家鋪一條路。了解了十五位哲學家的故事，我們就能了解他們所生活的時代，他們觀點和思考的演變，他們認知和求證這個世界背後真相的過程。那些看似天真幼稚乃至錯誤的推論和猜測，其實也能幫大家了解很多原理，進而會激發大家對我們所處的這個世界的思考。

哲學本來就是想啟發人們思考一個問題：我們如何看待這個世界。

在這一點上，哲學家們負責提出假設，科學家們負責實驗證明。當然，必須承認，哲學並非我的專長，而我比較拿手的是講故事。所以我這次請來了我的大學同班同學沈文婕作為我的合作者。

沈文婕當年本科的畢業論文做的是卡繆（Camus），進而又讀了復旦大學的哲學碩士。如今，她是著名市重點高中上海交大附中的語文老師，也是上海楊浦區的骨幹教師，還被評為「上海市教學能手」——既是哲學科班出身，又會教學生。以她的教學經驗來看，一般對哲學有所涉獵的學生，語文成績都很出色，尤其是作文，無論是舉例、觀點、邏輯還是遣詞造句，都明顯和別的同學不同。

此外，我還請來了和我之前合作《寫給孩子的論語課》的同班同學李宏昀——復旦大學的哲學博士，他作為顧問，全程審閱了這本書稿。

作為一本哲學啟蒙書，除了在內容上盡量深入淺出之外，還有讀者們喜歡的插畫。這一次，我們為這本書配了逾七十幅全新手繪的插畫，以及每章節後會總結歸納一些小知識。相信這對幫助大家理解本書的內容，會有很大的作用。

人的閱歷是怎樣積累的？
人生的意義在哪裏？
怎樣才算是幸福？
快樂的本源是甚麼？

不要覺得這些問題是大人們的問題，其實孩子們從小開始接觸一些，知道一些，思考一些也是有意義的。

希望這本書，能給你們輕輕打開哲學殿堂的一扇窗，透進一點光，從而領略到哲學的魅力。

希望這本書，能在你們心中埋下一顆愛思考的種子，讓大家今後更積極、智慧地面對這個世界。

衷心感謝。

是為序。

二〇二一年一月十七日

目錄

第一章

泰利斯（Thales）

古希臘哲學的起源

泰利斯

BC624?~546?

公認的古希臘第一位哲學家，「米利都學派」創始人，其觀點有「水是萬物之源」和「萬物有靈」。

哲學的起源

首先，我們就要來說說「哲學」這個東西的起源——確切地說，是「西方哲學」的起源。

我們現在普遍認為，西方哲學起源於古希臘，而英語裏的「哲學」（Philosophy）這個詞也正是來源於古希臘，Philo 是「愛」的意思，Sophy 則表示「智慧」。所以 Philo 和 Sophy 這兩個詞併在一起，意思就不難理解了：「**愛智慧**」。

以此類推，甚麼是「哲學家」呢？顧名思義，就是「愛智慧的人」，也就是熱愛思考、追求真理的人。

接下來，我們要說一個地方——希臘。

你們可以試着在地球儀或者世界地圖上找找希臘這個地

方，找到之後，就會發現它位於歐洲大陸伸入地中海的一個半島上。希臘有很多山地，難以發展農業，但山地之間的山谷有着肥沃的土地，於是人口在那裏聚居起來，這些地區往往環繞着靠海的城市，形成了一個個相對獨立的城邦。所謂「靠山吃山，靠海吃海」，慢慢地，一些古希臘人就開始航海，或者跑到海上的一些小島發展。這樣的生存環境，造就了古希臘人愛探索、愛思考的性格。

經常出海的希臘人最想掌握的，就是天文、氣象、洋流相關的知識。因為這些知識和他們的出海航行息息相關，甚至關係到生命安全，他們在兩千五百年前就開始探索了。

大家想像一下，每當夜色降臨的時候，漂泊在茫茫大海上的水手們望着浩瀚的星空和無邊的銀河，內心應該是充滿着好奇與遐想吧。

對世界的好奇心，其實就是「哲學」萌芽的種子。

Philo 和 Sophy 這兩個詞併在一起，意思就不難理解了：「愛智慧」。

然而，若人們每天只是好奇與遐想，恐怕這顆「哲學」的種子還沒發芽，就會夭折。畢竟在古代，吃飽飯、活下去才是頭等大事啊！中國有句古話，叫作「倉廩實而知禮節，衣食足而知榮辱」，意思是：只有老百姓的糧倉充足，豐衣足食，才能顧及禮儀，重視榮譽和恥辱。換句話説，只有解決了溫飽問題，才會有時間和興趣去進行一些思考和遐想。

無論在東方還是西方，道理都是相通的。在古希臘的城邦裏，有一批不愁生計的人，只有他們才有很多閒暇觀察生活、到處遊歷和思考問題。他們就是貴族和商人，而最早的哲學家，就是從這群人裏誕生的。

古希臘第一位哲學家

這章的主角——泰利斯就在此登場了。一般講西方哲學史，泰利斯總是會第一個登場，因為他是大家公認的古希臘第一位哲學家！

泰利斯出生在古希臘繁榮的港口城市米利都，雖然屬貴族階級，但有時候他也會做做生意。米利都是個交通非常便利的地方，泰利斯也因此可以跑到巴比倫學習天文學，到埃及學習數學——有錢又有時間，他就可以去做很多想做的事。當然，泰利斯在豐衣足食後，並沒有貪圖享樂，而是去追求智慧，這一點還是值得稱讚的。

話說泰利斯不僅學到了很多知識，還善於推敲鑽研，古代的書本裏留下了許多誇讚他聰明才智的小故事。

譬如，泰利斯做過一件非常厲害的事情：準確地預測了一次日蝕。

據說當時有兩個國家打了五年的仗，而就在泰利斯預言日蝕的當日，太陽毫無徵兆地被黑影慢慢吞噬，大地一片昏暗。這個異常的景象讓兩國的軍隊十分恐慌，震驚之餘，兩國決定就此停止戰爭。那時候的人們並不知道地球是圓的，也

崇拜。

不了解日蝕產生的原理，所以大家就對能做出預言的泰利斯特別崇拜。

後來的天文學家根據記載，倒推出那次日蝕的確切時間是公元前五八五年五月二十八日，這也因此讓我們知道了泰利斯生活的大致時段——原來泰利斯生活在比中國的孔子還要早一點點的年代。

這位泰利斯先生不僅預測了日蝕的時間，還巧妙地測量出了埃及金字塔的高度。

金字塔是龐大的建築，那麼在測量條件落後的古代，泰利斯又是怎麼計算的呢？

首先，他在金字塔前豎起一根木棒，等到木棒的影子和木棒一樣長時，立即叫人在金字塔影子的頂端做了個標記。然後，他就宣佈：測量出的金字塔影子的長度，就是金字塔本身的高度。

不同事物的高度和它影子的長度是成正比的。

原來，在同一時刻，不同事物的高度和它影子的長度是成正比的。你如果感興趣，不妨自己在日常生活中觀察一下。要知道，早在兩千五百多年前泰利斯就能發現這個原理，這是非常厲害的。

大家可以知道，泰利斯是個知識淵博、喜歡動腦的人。從這個角度來看，他確實是個「愛智慧」的人。

不過，泰利斯擅長的這些領域是數學、天文學、物理學，這些和我們現在說的「哲學」又有甚麼關係呢？

它們有一個共同的特點：都是在**探尋事物的規律**。譬如，在泰利斯生活的那個年代，他還不能像現代人那樣，理解太陽被月亮遮擋產生日蝕的道理，但他已經比較精確地掌握了日蝕每隔十八年零十天左右就會出現一次的週期。而作為哲學家，他們並不滿足於去發現這些表面規律，而是希望進一步思考：**宇宙形成和運作的本質是甚麼**。泰利斯就是最早思考這個問題的哲學家。

有一個關於泰利斯不斷思考的小故事：

有一天晚上，泰利斯一邊走路，一邊抬頭望着浩瀚星空，他若有所思，一不留神，就掉進了路上的一個土坑裏。旁邊經過的一個路人看到這個景象，不由得哈哈大笑並譏諷泰利斯：「你只抬頭看天卻不注意腳下，結果把自己搞得這麼狼狽不堪。」

泰利斯從坑裏爬起來，拍拍身上的土，不緊不慢地說：「只有那些從不仰望星空的人，才不會跌入坑中。」

泰利斯對那些只顧低頭看路，為了不跌入坑中而從來不仰望星空的人感到悲哀。泰利斯並不是想說看路不重要，而是想告訴人們：**不能只顧眼前，有時也要關心一些看似和日常生活無關，但其實同樣重要的問題**。而哲學家，其實就是那種喜歡仰望星空，喜歡思考事物本質的人。

希望這個故事並沒有給你造成另一種錯覺：哲學家都是書呆子，只會空想，不切實際。

古希臘另一個偉大的哲學家亞里士多德（我們後面會説到他）説過：「只要哲學家想關心實際生活，他們就能很輕鬆賺到很多錢。」

有一年，泰利斯根據自己對氣候和農業情況的觀察，認定第二年的氣象有利於橄欖的生長，於是他低價收購了很多榨油機。到了第二年，果然不出他的預料，橄欖大豐收，為了榨橄欖油，榨油機供不應求，於是人們只好高價到泰利斯這裏來租榨油機。這讓他賺了很大一筆錢，狠狠地發了一次財。

所以，其實泰利斯可以做到仰望星空和腳踏實地兩不耽誤。

水是萬物之源

那麼，泰利斯作為一個哲學家，到底有怎樣的成就呢？他的學説是不是很深奧？其實泰利斯留下來的最有名的話，也就是兩句，而且聽上去非常簡單。

只有那些從不仰望星空的人，才不會跌入坑中。

第一句：「**水是萬物之源**」。

我們剛才提到過，哲學家跟科學家的不同之處在於，他們不研究世界的具體問題，而是關注事物的本質。

如果你明天拿「水是萬物之源」這句話去問你的自然科學或物理化學老師，他一定會告訴你，誰說的？簡直胡說！以現代科學的眼光來看，「水是萬物之源」這句話似乎很沒有道理。但在哲學的世界裏，泰利斯的這句話，意味着人類已經開始透過千變萬化的自然現象，去思考世界的本源了。

現在看起來沒有甚麼，但在兩千五百多年前，這是非常了不起的思考！在哲學誕生之前，希臘人心目中的宇宙是一個由神創造和管理的世界——如果你們當中有對古希臘神話感興趣的同學，應該會對這樣的世界觀比較熟悉：在茫茫無際的混沌中誕生了地神，名字叫蓋亞，於是萬物得以在大地上生長。蓋亞又生下了天神烏拉諾斯，於是世界有了廣闊的天空。而管理這個世界的是雷神宙斯和住在奧林匹斯山上的其他神，宇宙的運轉和人類的命運都由他們決定。

希臘人通過對神的遐想，創造出了詩歌和神話，由此可見，文學是和想像力有關的。但哲學不僅和想像力有關，還與思考緊密相聯。所以，泰利斯作為一個哲學家，就不願意和他之前的大多數人一樣，只是用神話故事來解釋宇宙的運轉，他打算**用自己的感官認識世界，用自己的頭腦理解世界**。然後，他有了一個發現：水，與萬物有着奇妙的關聯。

在地球上，無論是動物還是植物，都離不開水。天上降雨，土地濕潤了，種子便能發芽。泰利斯還親自在洪水退去後進行實地考察，看到洪水帶來了肥沃的土壤，裏面還出現一些胚芽和小蟲。水能滋養生命，如果一個生命體缺水了，也就會面臨死亡。他把這一現象與關於神造宇宙的神話結合起來，得出了「萬物由水生成，水是萬物源頭」的結論。他甚至還認為地球是浮在水面上的。大地在水裏獲得必要的養分，就好像母牛在草地上吃草一樣。不僅如此，他還認為，水蒸發出來的水汽滋養着天上的日月星辰乃至整個宇宙。

在泰利斯看來，水始終在運動，它本身就好像具有生命一樣。雨水聚成河流，河流匯入大海，遼闊的海洋波濤洶湧，它時而怒吼，時而溫柔，它能把船隻掀翻，也能把航海者送到遠方。

於是，泰利斯說：「這表明，水是有靈魂的！」

萬物有靈

現在，我們理解了泰利斯所處的時代和他思考的出發點，就不難理解他說的第二句話了。他的第二句話叫作「**萬物有靈**」。

有人把這句話理解為「萬物都有神靈」，也有人把它理解為「萬物都有靈魂」，無論哪種說法，都表明世界是有靈性的，而不是死氣沉沉的——因為充滿活力的水是萬物的本源，它讓整個宇宙都充滿了生命力。

泰利斯所說的「萬物有靈」，還揭示了很重要的一點：他認為事物之間有着千絲萬縷的聯繫。

我們都知道，磁石能吸引鐵，而且能將這種力量傳遞給鐵，讓它也像磁石一樣吸引其他的鐵。泰利斯說，這種現象證明：磁石和鐵都是有靈魂的。

有人可能又要問了：這些觀點都是錯的啊！我們現在要知道這些錯誤的觀點幹甚麼呢？沒錯，經過現代科學訓練的我們都知道，泰利斯講的這些，都是不符合現代科學原理的。但是，首先考慮到泰利斯所處的時代，他能通過自己的觀察和思考，得出這樣的結論，是非常超前的。

其次，我們了解泰利斯的這些觀點，是很有必要的。

我們現在認為理所當然的東西，覺得每個人都知道的東西，譬如物體是由分子、原子構成的，磁石能吸鐵不是因為有靈魂，而是因為「磁性」產生的「磁力」。這些是誰告訴我們的呢？是老師？是某本書？那麼老師或者那本書的作者，是一出生就知道這些

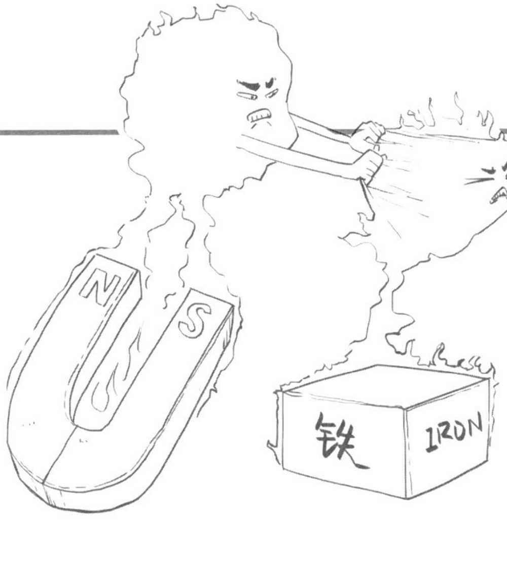

事物之間有着千絲萬縷的聯繫。

道理嗎？不是的。這些道理，是人類經過一代又一代的研究和實驗，漸漸發現和總結出的規律和原理，我們現在只是在享受人類文明的研究成果而已。

而我們的先輩們透過一個漫長的過程才能認識到這些原理，從懵懂無知到胸有成竹，由大膽想像到小心求證。促成他們不斷去研究、實驗和探索的一大動力，就是想搞清楚世界的本源和萬事萬物運行規律的那份好奇心，換句話說，科學的重要源泉之一，就是哲學。

也有一種說法：**哲學，是人類認知這個世界的起點**。

現在，了解了這個認知、求證和發展的過程，了解了這些哲學家本人的故事以及他們哲學觀念的演變，我們就能更好地理解很多原理，以及原理背後的思想和邏輯。最後，哲學是為了讓我們思考一個問題：**我們如何看待這個世界？**

事實上，我們所熟知的一些大科學家，譬如牛頓、愛因斯坦，

小知識 ❶

哲學與哲學家

「哲學」（Philosophy）這個詞來源於古希臘，意思是「愛智慧」，西方哲學的源頭就在古希臘。「哲學家」則是一群熱愛思考、追求真理的人。

小知識 ❷

哲學和科學的關係

哲學是人類認知這個世界的起點，也是人類進行科學探索的重要原動力。

如果說科學家告訴我們「世界是怎樣的」，那麼哲學家其實是在思考「我們如何看待這個世界」。

從某種意義上，他們也是偉大的哲學家。如果説科學家告訴我們「世界是怎樣的」，那麼哲學家其實是在思考「我們如何看待這個世界」。

如果你還不太理解這句話，也不要緊。繼續讀下去，你會逐漸了解哲學的真正含義。關於泰利斯和古希臘哲學的起源就先介紹到這裏。最後，歡迎你正式進入古希臘哲學的世界！

在下一章，我們將認識第二位哲學家——某程度上，他也是一位數學家。

小知識 ❸

哲學為甚麼發源於古希臘？

希臘是歐洲大陸伸進地中海的一個半島。希臘有很多山地，難以發展農業，但山地之間的山谷有着肥沃的土地，所以人口在那裏聚居起來，形成了一個個靠海的城邦。一些古希臘人開始靠航海謀生，或者跑到海上的一些小島去發展，造就了古希臘人愛探索、愛思考的性格。

第二章

畢達哥斯拉（Pythagoras）

堅決不吃豆子的哲學家

畢達哥拉斯

BC580?~500?

他大概生活在兩千五百多年前，是古希臘的貴族。特別擅長數學，我們非常熟悉的「畢氏定理」，在西方就是他發現的，因此也被稱為「畢氏定理」。

在上一章，我們介紹了一位叫泰利斯的哲學家，他對世界的看法可以概括為兩句話：

一句是「水是萬物之源」，還有一句是「萬物有靈」。泰利斯開啟了西方自然哲學的傳統，也引領了熱愛智慧、追尋真理的潮流。這個潮流延續了兩千多年，到現在依舊沒過時。

泰利斯曾經這樣寫過一首詩歌：

多說話並不表示心裏理解，
去尋找唯一的智慧吧，去選擇唯一的善吧，
這樣就會鉗住嘮叨不休的舌頭。

他的意思是，與其喋喋不休，不如停下來思考一番，尋找「智慧」和「善」才是頭等大事。而這一章我們要出場的哲學家，就是一個絕頂聰明的人——畢達哥拉斯。

畢氏定理

畢達哥拉斯在某些方面和泰利斯很像，譬如，他們都很有錢。畢達哥拉斯出生在一個貴族家庭，家境富裕。這為他四處遊歷提供了保障——我們之前已經說過，在古希臘那個時代，只有不用為生計奔波的人，才會有閒暇思考別的。

與泰利斯不同的是，畢達哥拉斯用我們現在的話來說，還是個跨界達人。他擁有一系列的頭銜，除了哲學家之外，還是數學家、天文學家、音樂家、教師、修道士、心理治療師等。

他曾經寫過這樣一首著名的詩：

斜邊的平方，
如果我沒有弄錯，
等於其他兩邊的
平方之和。

如果你學過幾何，應該一眼就能看出來了，這分明就是數學中的「勾股定理」。

直角三角形的兩條直角邊的平方和等於斜邊的平方。根據考古發現，在中國，周朝的時候就提出了「勾三股四弦五」的說法，所以我們把它叫作「勾股定理」。在西方，這是畢達哥拉斯先發現的，所以人們就把它稱為「**畢氏定理**」。

畢達哥拉斯和數學的淵源，還得從他的父親說起。畢達哥拉斯出生在愛琴海上的薩摩斯島，而他父親的老家是在腓尼基一個叫提爾的地方。腓尼基在地中海的東岸，離希臘也不算很遠，但已經算是亞洲了，大約就是現在的黎巴嫩。

提爾是個港口城市，那裏的人們都很會做生意，所以算術都很好。畢達哥拉斯的父親把生意從提爾做到了薩摩斯島，娶了當地的女子，於是才有了畢達哥拉斯。畢達哥拉斯小時候被他父親送回提爾接受啟蒙教育，然後才回到薩摩斯島學習詩歌和音樂。可能是遺傳，也可能是環境影響，畢達哥拉斯對數字特別敏感。

萬物都是數

基於對數字的敏感，畢達哥拉斯提出了一個與泰利斯完全不同的觀點。

泰利斯認為世界的本源是水，但畢達哥拉斯不同意這個觀點：世界的本源並不是水！在他看來，世界的本源是「數」，也就是數字。他的著名觀點就是：「**萬物都是數**。」

看到這裏，不知道你會不會想：哎啊，原來哲學這麼簡單啊！只要用「萬物都是……」造個句子就行了，誰不會呢？萬物的本源是木，萬物的本源是火，萬物的本源是……

可是，當哲學家真的有那麼簡單嗎？當然不是。你可以提出一個觀點，但重要的是你需要解釋它，把道理說通。畢達哥拉斯並不是只說了一句「萬物都是數」，關鍵是他能解釋自己這個理論。在畢達哥拉斯的這套理論裏，數字絕非看起來那麼簡單。

直角三角形的兩條直角邊的平方和，等於斜邊的平方。

他認為，在那麼多數字中，「1」最了不起，因為其他數都是由「1」疊加而來的，「1」就好像是宇宙的發動機。「2」呢？它由「1」產生，但是「2」又在「1」的基礎上帶來了變化，它跟「1」結合起來就成了「3」。所以「2」跟「1」一樣，也是宇宙的創造者。他還說，「3」可以代表多姿多彩的世界。「4」可以象徵一年有四季……

值得一提的是，畢達哥拉斯覺得「4」是最完美的，因為「4」以內的數加起來等於「10」。

為此，他還專門寫過一段歌頌「4」的話：

聖潔的、聖潔的「4」啊！您孕育着永流不息的創造源泉！因為您起源於純潔而深奧的「1」，依次達到聖潔的「4」，然後生出聖潔的「10」。您是天下之母，無所不包，無所不屬……

「數」的世界是最美的，所有的事物都是以「數」作為「模板」構成的。

畢達哥拉斯對數字確實充滿了感情，在他的眼裏，世界萬物都有消亡的一天，但**「數」是永恆不變的**。「數」的世界是最美的，所有的事物都是以「數」作為「模板」構成的。

說到畢達哥拉斯的這個理論，不由得讓人想起在中國和他差不多時代的另一個人，他的名字叫李耳，當然，我們更熟悉他的一個稱呼——老子。老子是道家的創始人，他也曾說過一句話：「道生一，一生二，二生三，三生萬物。」

當然，在老子的這句話裏，「一」「二」「三」這些數字並不是確指，重點是想說明**萬物從少發展到多、從簡單發展到複雜的道理**。因此，對照老子和畢達哥拉斯的理論，似乎有那麼一點相通的意思。

畢達哥拉斯所說的「萬物都是數」中的「萬物」，不僅是指他自己生存的這個世界，他還上升到了更宏大的角度：宇宙。

有一天，畢達哥拉斯路過一家鐵匠鋪，聽到裏面傳出乒乒乓乓的

打鐵聲，音調高低各不相同。他不由得被吸引了，走進去一看，發現比較重的錘子打在鐵塊上會發出低沉的聲音，比較輕的錘子敲出來的聲音就比較清脆。

現在我們都知道，重量的大小是可以用數字來表示的，譬如五十六公斤千克、一千二百克。而當時的畢達哥拉斯也靈光一現，開了竅：

既然音調的高低與錘子的重量有關，那麼音樂不就可以轉換成數字了嗎？

大家一定見過弦樂器，譬如小提琴、吉他、琵琶……我們知道，不同長度的弦發出的聲音是高低不同的，這也是音樂可以用數字來展現的一個例證。

到了這兒，畢達哥拉斯又上升了一個高度：我們生活的世界，乃至整個宇宙中的一切都是音樂，無論是瓷器碰撞的叮噹聲，還是火山噴發的轟隆聲；無論是大河奔流的聲音，還是夜空中星星運行所發出的聲音……整個宇宙就是一個偉大的交響樂團，每個物體就像是這個樂團裏的一件樂器，發出自己獨有的聲響。畢達哥拉斯把這稱為「**宇宙的和聲**」，他說自己聽到了宇宙所演奏的音樂會。

這些就是兩千五百多年前畢達哥拉斯在思考和探索的東西。不過，既然畢達哥拉斯的理論都圍繞「數字」展開，他也發現了「畢達哥拉斯定理」，那我們為甚麼不說畢達哥拉斯是一位數學家，而把他歸類為哲學家呢？

還記得第一章中的一句話嗎？「哲學和科學的一個區別在於，哲學並不追求具體的知識，而是提供一種看待世界的眼光。」我們之所以說畢達哥拉斯是一位哲學家而不是數學家，就是在於他「萬物都是數」這個觀點。他不僅追求具體的知識，還想**更進一步地探索這個世界的本源**。畢達哥拉斯這個「萬物都是數」的思想影響了後來的許多哲學家和科學家。直到現在，不少物理學家們仍舊相信可以通過數學公式來理解宇宙運行的規律。

儘管畢達哥拉斯用確切的「數」來解釋世界的本源，強調了「理智」，但他同時還有相信「神秘」的另一面。這也是畢達哥拉斯的學說留給後人更多思考的一個原因。

萬物有靈

另外，「理智」和「神秘」這兩樣東西，常常是如影隨形的。如今，我們有一些人喜歡走極端：一種人看問題只憑直覺，不喜歡用事實和邏輯來認識事物，這種人很容易產生偏見或者相信謠言；也很容易相信「陰謀論」，認為各種重大事件背後肯定有不可告人的秘密，別人怎麼向他解釋都不聽。而另一類人呢，認為現有的科學知識就是一切，拒絕承認廣闊而未知的領域，只要是跟自己掌握的知識不符合的事物，就一概判定為謬論。這兩種人，其實都有必要了解一下畢達哥拉斯的思想。按照畢達哥拉斯的觀點：在哲學的世界中，「理智」與「神秘」是相伴而生的。而這也正是哲學的兩張不同的面孔。

畢達哥拉斯不僅用畢生的時間來研究宇宙是如何以數的形式保持和諧的，他還認為人的靈魂也應當追求一種和諧的狀態。畢達哥

拉斯年輕時曾在埃及待了十年，這段時間他主要都在神廟中與祭司們相處，埃及人對於靈魂輪迴的看法深深影響了他。

泰利斯曾說「萬物有靈」，而畢達哥拉斯不僅認為萬物都有靈魂，還認為「靈魂會從一個生命體轉移到另一個生命體」。有一次，他在路上看到一隻小狗正在被鞭打，他停下來懇求那個揮舞鞭子的人：「住手吧，別打了。這隻狗的身上寄居着我一位朋友的靈魂，因為我聽到了他的聲音。」

這聽上去是不是有點迷信？不要緊，我們了解這些古代哲學家的思考過程，並不代表我們一定要接受他們的觀點。

畢達哥拉斯認為，我們每個人的靈魂都被囚禁在肉體中，這會讓靈魂變得污濁不堪，因此要通過恰當的飲食、運動以及思考來淨化靈魂。他在五十歲那年離開故鄉去了意大利，在意大利最南端的克羅托內辦起了一所帶有宗教社團性質的學校。這個學校裏的人們穿一種獨特的白色袍子，他們共享財產，一起生活，並被禁止向外洩露畢達哥拉斯的授課內容。他們在這裏討論問題、閱讀

「理智」與「神秘」是相伴而生的。而這也正是哲學的兩張不同的面孔。

書籍、鍛煉身體、欣賞音樂、祭拜太陽神阿波羅，他們相信這種寧靜而莊嚴的生活能夠淨化靈魂。

從一定程度上說，畢達哥拉斯和他的弟子們的生活方式跟信仰宗教的僧侶已經很接近了，他們有共同的信仰，注重身心的修行，敬奉神靈。畢達哥拉斯還給弟子們定下了一系列嚴格的戒律。譬如，不能吃豆子和動物心臟，不能在光亮處照鏡子，不能用刀子去撥火焰等等。

聽了畢達哥拉斯和他的學生們這些行為，你可能又要問了：之前我們說了哲學和科學，那又怎麼區分哲學和宗教呢？

區分哲學和宗教

確實，這兩個領域有不少重疊的部分。但總括而言，**宗教強調對神秘事物的信仰和體驗**，**而哲學強調對世界和人生的思考**。對於上述禁忌，如果畢達哥拉斯只是相信它們並且去執行，那麼就更

因為不能踐踏豆子的信念而主動停下腳步，不幸被追上來的反對者殺死了。

接近宗教；而畢達哥拉斯是用自己的學說來解釋這些禁忌，那就更接近哲學。

譬如，畢達哥拉斯認為吃豆子會帶走一部分靈魂，因為豆子會導致脹氣，氣體出來的時候就帶走了人的靈氣。我們先不說畢達哥拉斯的認知是不是正確，但他是在努力解釋自己的行為。既然豆子會帶走人的靈魂，所以畢達哥拉斯認為踐踏豆子也不應該被允許。相傳畢達哥拉斯活到八十歲，他在逃避反對者追趕的時候，來到一塊蠶豆地邊，因為不能踐踏豆子的信念而主動停下腳步，不幸被追上來的反對者殺死了。

如果這個傳說是真的，那還真是令人感慨啊！你會如何看待畢達哥拉斯因為嚴守自己定下的規矩而丟掉性命這件事呢？會覺得他愚蠢，還是對他肅然起敬，或是認為不值得呢？我相信每個人都會有自己的看法。

畢達哥拉斯曾說「不能制約自己的人，不能稱之為自由的人」。這與一個口號非常相似：「**自律讓我自由**」。自律和自由二者看

上去矛盾，但其實相輔相成。

畢達哥拉斯的意思是：如果一個人能夠主動遵守規則，他的靈魂在那一刻就能獲得真正的自由。畢達哥拉斯真正關心的是人的靈魂，或者說，是人的生活態度。他不僅倡導這種生活態度，還能堅定地去實踐它。他鑽研各個領域的學問，正是為了讓自己的靈魂變得更和諧、更美好。

從這一點上來說，畢達哥拉斯確實是一位哲學家而不是數學家。

關於畢達哥拉斯就介紹到這裏。當你看完這兩章之後，不知道是否有點明白哲學是一門怎樣的學科了呢？

小知識 ❶

萬物都是數

畢達哥拉斯認為，世界的本源是數，譬如 1、2、3、4，在這個基礎上，他還提出，「宇宙中的一切都是音樂」，因為音樂也可以轉換成數字。

小知識 ❷

理智與神秘

畢達哥拉斯的學說讓我們看到，哲學的世界既有理智的一面，也有神秘的一面：他用非常理智乃至克制的生活方式，來追求和探索神秘而未知的靈魂和諧。

小知識 ❸

理想與現實

畢達哥拉斯認為數學的世界是完美的，但這種完美，很多時候只能存在於理想之中。譬如，我們能夠在腦海中想像一個完美的圓形，但是我們無法畫出一個完美的圓形，哪怕借助再精密的圓規，也會有非常小的誤差。

而我們孜孜不倦所追求的真理，其實就好像是那個完美但無法畫出的圓。這大概就是哲學的魅力所在吧。

第三章

赫拉克利特（Heraclitus）

人不能兩次踏進同一條河流

赫拉克利特

BC544?~483?

赫拉克利特，古希臘哲學家，其著名理論為：「宇宙就是一團永恆的火，按一定尺度燃燒，按一定尺度熄滅。」他首次提出宇宙是一個有燃燒和熄滅的過程。此外，這個理論還蘊含了一個道理：萬事萬物的變化，是有一個「尺度」存在的。

在上一章，我們了解了畢達哥拉斯和他的哲學觀點。

他說了「萬物都是數」，他認為宇宙是以數的形式保持着美妙的和諧，人的靈魂也應當追求一種和諧的狀態。

其實畢達哥拉斯還提出一個比喻。

他把我們的生活就比作一個熱火朝天的運動場，這個運動場裏有三類人：一類是兜售貨物的小商販；一類是在場上拼搏的運動員；還有一類是沉思的觀眾。畢達哥拉斯認為最後一類人是最好的。

他認為，在我們的生活中有各式各樣的人：有的人想賺取更多的金錢；有的人想證明自己的能力，為榮譽而戰；還有的人一邊觀察世界，一邊思考問題——作為哲學家畢達哥拉斯，他更欣賞最後一種人。

「思考」這個行為，並不能直接帶來金錢或榮譽，但善於思考的

品質能讓人更好地理解自己、理解世界。

不知道你聽到這個比喻的時候，有沒有在思考呢？

除了前面提及的泰利斯、畢達哥拉斯外，古希臘還有很多喜歡思考的哲學家，譬如我們今天要說的第三位：赫拉克利特。

傲慢的赫拉克利特

如果要給赫拉克利特這個名字之前加上一個形容詞的話，我覺得應該是「傲慢的赫拉克利特」。

傲慢不是一個褒義詞對吧？那為甚麼這位赫拉克利特先生是傲慢的呢？

因為他對於那些有名的詩人和哲學家都不屑一顧。

畢達哥拉斯更欣賞沉默的觀眾——一邊觀察世界，一邊思考問題。

譬如我們上一章提到的畢達哥拉斯，赫拉克利特就非常看不起他。

在赫拉克利特看來，畢達哥拉斯的學說毫無智慧，只不過是惡作劇罷了。不僅是對畢達哥拉斯，甚至是鼎鼎大名的古希臘盲眼詩人荷馬（Homes），就是寫了《荷馬史詩》的那位，赫拉克利特也非常厭惡。他說荷馬把人間的醜陋行為都加在神靈身上，這種行為讓人不能忍受，因此應該用鞭子抽打他。

他不單看不起那些聲名顯赫的人，對於普通民眾也非常失望，所以他最後寧願隱居在山林裏。

別人問他：「當大家議論紛紛的時候，你為甚麼總是保持沉默？」赫拉克利特回答說：「為甚麼？這還用說嗎？這樣才好讓你們去嘮叨啊！」

他經常會出現在月亮女神阿爾忒彌斯的神廟附近，和小孩子們一起玩擲骰子的遊戲，他認為這比參加所謂的政治活動有意思得多。

赫拉克利特這麼憤世嫉俗，也不是沒有原因的。

當時，他的家鄉愛非斯城邦，乃至整個希臘，都受到波斯人的威脅，他希望家鄉的民眾能多一點智慧，同時又能學習波斯人的進取精神。可是他看到的是人們的無知。當他得知好朋友赫爾謨多羅被驅逐時，他憤怒地說：「愛非斯的成年人應該全都被絞死，他們最好把城邦交給小孩子。因為成年人把他們當中最高尚的人給趕走了！」

別看赫拉克利特說話這麼極端，他在生活上可是個無欲無求的人。要知道，他出身高貴，是愛非斯祭司王巴斯魯斯的兒子，原本可以繼承王位，卻把王位讓給了兄弟，自己隱居去了。

波斯王大流士寫了一封信邀請他去宮廷中講授哲學，他也拒絕了。赫拉克利特對權勢、富貴不感興趣，他真正關心的是人的心靈，他說：「你永遠不會找到心靈的邊界，不管你從哪裏向它走去。」

赫拉克利特難道就是靠憤世嫉俗或無欲無求聞名的嗎？

當然不是！我們之所以會在今天依舊提到他，是因為他在哲學上有不小的成就。

把宇宙理解為過程

眾所周知，古希臘有個大名鼎鼎的哲學家，叫蘇格拉底（Socrates）（後面也會介紹），他就對赫拉克利特十分推崇。

蘇格拉底在讀到赫拉克利特的殘篇後曾說過這樣一句話：

「我了解的部分是美妙的，而且我想，我所不了解的部分也應該是美妙的。」

德國一位著名的哲學家黑格爾（Hegel），他更是直接把赫拉克利特之前的哲學家都忽略了，認為赫拉克利特才是哲學的完美開端，他說讀到赫拉克利特的著作時就像「在茫茫大海裏航行看見了新大陸」一樣。另一位著名的德國哲學家尼采（Nietzsche）也說：「赫拉克利特永遠不會過時。」

這幾位超級大師都如此推崇赫拉克利特，你們是不是很好奇赫拉克利特到底有甚麼了不起的思想，能讓這些偉大的哲學家都對他讚不絕口呢？

我們不妨來了解一下。

我們之前說過，古希臘哲學家都很關心世界的本源，赫拉克利特也不例外，他對世界的本源也有自己的看法：既不是「水」，也不是「數」，而是一團「火」。

按照赫拉克利特的觀點，宇宙「**過去、現在和將來永遠是一團永恆的活火，按一定尺度燃燒，按一定尺度熄滅**」。

可能有些人一聽，覺得並沒有甚麼了不起，不就是一個比喻嗎？

這句話其實大有奧妙。

請注意：赫拉克利特特別強調了宇宙的「過去、現在和將來」，還強調了火的「燃燒」和「熄滅」。

這意味着甚麼呢？黑格爾（Hegel）對此有過一個說法：赫拉克利特了不起的地方就在於，**他是第一個把宇宙理解為一個過程的人**。

赫拉克利特所說的「火」，並不是我們眼睛所看到的火焰，他所說的「火」和「萬物」是可以互相轉化的關係。萬物可以理解為火的燃燒和熄滅，**火的燃燒和熄滅也可以表現為世界萬物的變化過程**。

學過物理的同學可能會發現，赫拉克利特所說的「火」，其實就是現代物理學的「能量」。燃燒的火焰本身就代表着能量的切換——一個物體的化學能轉換成了光能和熱能。而世界萬物的變化都可以用能量的轉換來解釋。譬如一個物體從高處落下，那是它的重力勢能轉換成了動能；水池裏的水分在太陽的照耀下蒸發，變成了水蒸氣跑到空氣中，那是太陽光的熱能轉換成了水的內能，改變了水的形態……

整個宇宙就是能量聚集、散逸、轉換的過程啊！

而且現在的科學家告訴我們，像太陽這樣的恒星，真的就是一團活火。兩千五百年前的赫拉克利特不可能具備現代物理學知識，但他表達了類似的意思。不同的地方在於，現代科學家借助精密的觀測儀器和嚴謹的數學運算來解釋宇宙現象，而赫拉克利特則用智慧的頭腦和哲學的語言來表達自己對世界的看法。

所以，「宇宙就是一團永恆的火，按一定尺度燃燒，按一定尺度熄滅」，這個觀點在赫拉克利特那個時代能被提出來，是很先進的。

但僅憑這一點，赫拉克利特就名垂青史了嗎？黑格爾又為甚麼認為赫拉克利特是西方哲學的開端呢？

世界運行的規律：邏各斯

因為赫拉克利特關於「火」的觀點，其深意還不止於此。

我們不妨再來品味一下「過去、現在和將來永遠是一團永恆的活火，按一定尺度燃燒，按一定尺度熄滅」。

甚麼是「按一定尺度」燃燒，「按一定尺度」熄滅呢？

赫拉克利特認為：世界萬物在變化運轉時不是混亂一片的，而是有「尺度」的——「黃昏」是白天轉為黑夜的尺度，「氣溫降到攝氏零度」是水結成冰的尺度，「秋天到來」是大雁成群結隊往南方飛的尺度。

這些「尺度」構成了宇宙的秩序，赫拉克利特把宇宙的總的「尺度」取名為「**邏各斯**」。

「邏各斯」就好像是宇宙的指揮家，萬物都根據它來運轉。赫拉克利特說，邏各斯是可以被人理解的，只是人們未必能真正理解它，而且很難用語言去表述它。

這個話，其實跟中國的道家創始人老子所說的一句話很像，那句話說出來大家可能也都聽說過：

「**道可道，非常道。**」

「道」是老子心目中世界的最高原則，但老子認為一旦用語言把「道」表述出來，它就不再是原來那個「道」了。你看，不管是「邏各斯」還是「道」，這些哲學家都希望找到**世界運行的根本規律**，這比尋找世界的本源又更進了一步。

那麼，世界萬物的根本規律到底是甚麼呢？雖然赫拉克利特認為

我們難以用語言說清邏各斯，但我們仍舊可以通過思考去理解它。宇宙這團不斷燃燒和熄滅的活火，它帶來的是甚麼？是變化！這種變化是持續不斷的，過去、現在、未來始終如此，所以我們把這種變化叫作「**流變**」。

赫拉克利特用一句話來表述萬物的流變，這句話非常有名，你一定要知道，很多人也會把它用在文章裏，即：

……**人不能兩次踏進同一條河流**。

這句話的意思就是，河水每時每刻都在流動，前一刻的河流跟後一刻的河流是不同的，所以兩次分別踏進的河流已經不能算是同一條河流了。赫拉克利特甚至說，兩次踏進河流的這個人也是不同的，只是人的變化不像河流的變化那麼明顯罷了。

那麼，事物流變的根源是甚麼呢？

赫拉克利特給出了自己獨特的解釋：**是事物內部的矛盾鬥爭**。

樸素辯證法

一說到「矛盾鬥爭」，大家是不是會想到吵架、打仗這些事情？

其實宇宙間的矛盾鬥爭是非常廣泛的，譬如，乾冷空氣遇到暖濕氣流，就會下雨，甚至還會電閃雷鳴——這就是乾冷空氣和暖濕氣流這對矛盾的鬥爭。這樣的鬥爭並不帶來混亂，而是發展為更高層面的和諧。

用哲學的語言來說，這叫「對立統一」。我們把這種看問題的眼光叫作「**辯證法**」。赫拉克利特開創了「辯證法」，這是他非常重要的哲學成就。

如果你覺得「辯證法」有一點抽象，那麼我們可以舉例子來理解：

同學們見過拉小提琴嗎？琴弓優雅地搭在琴弦上，然而這樣並不

人不能兩次踏進同一條河流。

能產生音樂。只有當琴弓以一定的角度和力量與琴弦摩擦，才能讓琴弦振動起來，發出美妙的聲響——我們可以把琴弓和琴弦看作一對矛盾，它們之間的摩擦就是鬥爭，而悅耳的音樂就是琴弓與琴弦的對立統一。

赫拉克利特說，世界上的種種矛盾不僅會相互轉化，而且它們本質上是一致的。舉個例子：一個人覺得肚子餓了，他會去找東西吃，然後他就飽了。如果他不知道甚麼是餓，也就不會想吃飽肚子。所以「飽」和「餓」本質上是對立統一的。

又譬如說，一個人如果想跳起來，他首先必須彎曲膝蓋下蹲一點才能起跳。那麼就可以說，下蹲是起跳的一部分。

當然，赫拉克利特的辯證法還比較原始，所以我們稱之為「**樸素辯證法**」。

但即使如此，在那個時代赫拉克利特就能提出這樣的理論，已經非常了不起了。

小知識 ❶

邏各斯

「尺度」被赫拉克利特命名為「邏各斯」，用來指宇宙萬物運行的總規律，與中國的老子說的「道可道，非常道」，有異曲同工之妙。宇宙萬物運行的背後，都有邏各斯。

小知識 ❷

人不能兩次踏進同一條河流

赫拉克利特的名言「人不能兩次踏進同一條河流」指萬事萬物都在變化。而現在人們往往用來比喻人不會犯兩次相同的錯誤，或不可能再回到過去。

現在，你能明白蘇格拉底、黑格爾、尼采這些大哲學家為甚麼都非常推崇赫拉克利特了嗎？

不過，即使後世的大師們都認可他，在思想活躍的古希臘時代，還是有人堅決反對赫拉克利特的理論。下一章，我們就來介紹一下這位著名的反對者。

小知識 3

樸素辯證法

赫拉克利特提出了「樸素辯證法」：事物內部的矛盾鬥爭推動了事物的運動變化，發展為最高層面的和諧。世界上的矛盾不僅會互相轉化，而且本質上是一致的。用哲學的語言講，這叫「對立統一」。

第四章

巴門尼德（Parmenides）

抽象思維哪家強

BC515?~445?

巴門尼德

愛利亞學派的實際創始人和主要代表人物，他把世界的本源抽象化為「存在」。自巴門尼德開始，人類的抽象思維能力進一步提高了。

在上一章，我們學了一個詞，叫「辯證法」。

赫拉克利特說，宇宙是一團永恆的活火，萬物都是不斷流變的，矛盾事物的對立統一讓這個世界有了規律和變化——這就是「樸素辯證法」。

但是，並不是所有人都贊同赫拉克利特的觀點。譬如，有一個和他同時代的人就說：

「不對！沒有一樣事物是變化的！」

這是甚麼邏輯？我們都知道，雨過之後就會天晴，天空會掛出一道彩虹；年幼的孩子會慢慢長大成人，這些都是我們能看到的變化啊！

這個人說：「你們看到的這些所謂的變化，只不過是感官的幻覺罷了。」

這個反對赫拉克利特的人，也就是這一章要介紹的哲學家——巴門尼德。

從具體走向抽象

關於巴門尼德的生平，歷史上留下的資料並不多。

我們只知道他出生在意大利南部的愛利亞城邦，來自一個富裕的貴族家庭——和之前的很多哲學家一樣，只有解決了溫飽問題，才會促成更多的思考。

巴門尼德創建了早期古希臘哲學中最重要的哲學流派——愛利亞學派（Eleatics）。這是一個非常重要的學派，我們之後會講到的好幾個著名哲學家，都屬這個學派。這個學派的一大標誌，就是他們一直試圖從紛繁複雜的世界現象中找尋到真正的本質，而巴門尼德可以說是愛利亞學派的實際創始人和主要代表者，甚至可以說，他把古希臘人的哲學思考向前推進了一大步。

巴門尼德非常熟悉赫拉克利特的學說但卻堅決反對，尤其「事物變化」以及「矛盾對立統一」的觀點。在巴門尼德看來，「存在」並不是赫拉克利特所說的對立面的統一。因為他根本不承認事物有對立面！

你可能會質疑，我們的感官覺得冬天「冷」、夏天「熱」，這難道不是對立面嗎？

巴門尼德說：不是的！「冷」只是意味着「不熱」。也就是說，赫拉克利特認為「冷」和「熱」是矛盾統一的，而巴門尼德認為世界上不存在「矛盾」。

按照巴門尼德的觀點，世界的本源和根據是「**存在**」。

甚麼是「存在」？這個東西看不見，摸不着，說不清，道不明。

在巴門尼德看來，這個「存在」就是「一」。具有以下特徵：

第一，它是永恆的，不生不滅。
第二，它是唯一的，不可分割。
第三，它是不動的。
第四，它是一個滾圓的球體。

但這東西是甚麼呢？你問巴門尼德，他會告訴你：甚麼是甚麼？這就是「存在」啊！

嘿！這時候你可能會覺得有些生氣了：這是玩文字遊戲？這不就等於甚麼都沒説？有甚麼意義呢？

你們還記得嗎，在巴門尼德之前的古希臘哲學家，也都探尋過世界的本源究竟是甚麼，但他們大多是把世界的本源看作是某種具體的事物，譬如泰利斯認為萬物的本源是「水」，赫拉克利特認為萬物的本源是「火」，畢達哥拉斯比前面説到的兩位有所改變，他認為世界的本源是「數」。

你倒也別小看這個「數」，相對於「水」和「火」，「數」這個東

「冷」和「熱」並不矛盾，因為它們都是屬於「存在」。

西已經抽象化了，但依舊可以通過觀察和想像來把握。

所以無論是泰利斯、赫拉克利特還是畢達哥拉斯，他們認為的「世界的本源」，至少還是一個具體的東西。但巴門尼德所說的這個「存在」，就完完全全是抽象的了，看不見，摸不着，只能靠理性和邏輯來理解。

從這個意義上說，巴門尼德已經把「存在」抽象化，從具體的事物（譬如水、火，乃至數字）中脫離，把它概括為一個**概念**——**不指向任何一個具體的事物**。

如果我們從人類認識的發展史來看，這確實是一種進步，甚至可以說是一個里程碑：自巴門尼德開始，人類的抽象思維能力進一步提高了。

要走真理的路

那麼，巴門尼德眼裏的這個世界是怎樣的呢？

巴門尼德的觀點主要表現在他用散文詩體寫的著作《論自然》裏，這部著作大部分內容已經遺失，從殘存的部分來看，他有一個很特別的寫作手法——通過「女神」之口來表達自己的意見。

換句話說，他告訴讀者，這些道理都是「女神」說的——其實就是他自己的觀點。

關於巴門尼德如何看待這個世界，「女神」是這麼說的：

……**真理是可靠的，凡人的意見都是虛假的**。

甚麼是真理？真理就是他所說的「存在」，他認為「存在」是這個世界唯一真正存在的真理，而這個世界被巴門尼德**劃分為「存**

在」和「現象」兩個部分——「存在」是「真理」，而「現象」是「意見」。

巴門尼德說的「意見」跟「真理」相對，指的是人們對「現象」發表的不包含任何意義的看法和觀點，其中並不包含有價值的思想內容。也就是說，巴門尼德這裏說的「意見」是種沒有意義、說了也白說的表達。

所以，巴門尼德主張：我們要走真理之路，而不要走意見之路。

在這一點上，中國古代的思想家孔子也提到過類似的情況。他批評人們「群居終日，言不及義」，這裏的「言不及義」跟巴門尼德所說的「意見」是差不多的意思，指說話內容無聊或說不到問題的關鍵。

那麼，和「現象」關聯的「意見」，與「存在」關聯的「真理」又是甚麼關係？為甚麼巴門尼德要提倡走「真理」之路？

巴門尼德就是鼓勵人們思考更本質的東西。

巴門尼德認為，「存在」是世界的本質，是人們思考的真正對象，而「真理」是人們圍繞世界本質而思考的內容，這才是真正有價值的思想。

巴門尼德希望人們走「真理」之路，而不要徘徊在「意見」之路上。這句話聽上去似乎有些難以理解，但如果用一句我們現在熟知的話解釋，或許你就能夠更明白一些：「透過現象看本質。」

蘋果從樹上掉下來，那是現象，本質是有地球引力的存在；月亮看起來會發光，那是現象，本質是它反射了太陽光；人睡覺時會做各種夢是現象，本質是大腦皮層的活動。

巴門尼德就是鼓勵人們**思考更本質的東西**，而再進一步說，這些「本質」只是我們人類目前認知範圍內的「本質」，很可能和巴門尼德提出的「本質」還不是一回事——「地球引力」、「大腦皮層」這些，就真的是「本質」了嗎？

不可否認的是，巴門尼德的學說，確實可以啟發我們去思考一個

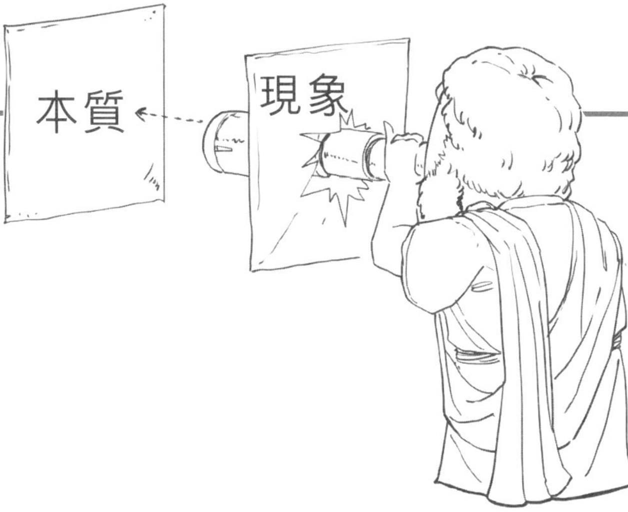

可能我們從未想過的問題：我們看到的到底是現象，還是本質？

哲學的完美開端

巴門尼德的觀點對後來的古希臘哲學家產生很大影響。根據柏拉圖的記載，蘇格拉底在年輕的時候就和巴門尼德有過一次會面，雙方進行過一次深聊，而柏拉圖自己提出的「感官世界」和「理念世界（理型世界）」區別的學說，儘管和巴門尼德的學說有所不同，但還是看得出有受其影響的影子。

關鍵在巴門尼德之後，包括蘇格拉底、柏拉圖在內的很多古希臘哲學家都開始把探求真理看作哲學家的根本任務。

德國近代哲學家黑格爾也說：「真正的哲學思想從巴門尼德開始，在這裏面可以看出哲學被提高到思想的領域。」

大家還記不記得黑格爾也評價過赫拉克利特——就是巴門尼德

反對的那個人，黑格爾說赫拉克利特的理論是「哲學的完美開端」。當然了，一個是「開端」，一個是提高到「思想的領域」，說起來也不矛盾。

在黑格爾看來，一個人能從現象和意見裏跳脫出來，認識到「存在」中才包含「真理」，這才真正進入了思想的領域。

不知道你們發現沒有，巴門尼德雖然反對赫拉克利特關於「對立統一」的理論，但他和赫拉克利特的觀點，其實恰好就是一對「對立統一」的矛盾。

赫拉克利特強調世界的矛盾和變化，呈現出的是世界的「複雜」。而巴門尼德強調事物背後那個「**絕對的存在**」，強調「**不變**」，呈現出的是世界的「統一」——他們的學說只是以不同的方式講述着世界複雜與統一的關係。其實他們都在追尋永恆又難以言說的真理啊！

所以，這兩位哲學家的觀點恰好可以用「辯證法」來解釋，它們構成了對立統一，推動了思想的發展。

所以，黑格爾在研究了西方哲學史之後，提出了一個很有深意的命題——**哲學就是哲學史**。

如果我們有系統地了解西方哲學家的生平和他們的觀點，然後將他們串聯起來看，其實恰好能印證和了解哲學思想。譬如說，我們可以通過「乾冷空氣和暖濕氣流相遇形成降雨」這樣的例子，了解「事物的對立統一」；而要解釋「思想的對立和統一」，赫拉克利特和巴門尼德的學說就可以說明。

所以，事物的矛盾統一能夠推動外部客觀世界的發展變化，而觀點的矛盾統一能夠推動人類主觀思想的發展變化。

在很多時候，就事論事的討論乃至爭論並不是壞事，反而能促進大家思想的提升和觀念的進步。

同時，黑格爾的命題也給這本書闡明了一層意義：

小知識

宇宙中只有絕對的存在

巴門尼德的主要觀點是：沒有事物是變化的，也沒有甚麼矛盾的對立面，宇宙中只有絕對的存在，萬物的變化只是人們感官的幻覺罷了。

巴門尼德主張：「要走真理之路，而不要走意見之路。」他鼓勵人們思考更本質的東西，這與後來的「透過現象看本質」有異曲同工之妙。

看上去我們只是在了解一些哲學家的故事，但不知不覺中，我們其實是在學習和了解一些哲學的觀念和理論——而且這些觀點按照時間順序，有一條清晰的發展線和邏輯鏈。

當然，還有一點必須說：從這一章開始，我們所說的內容可能沒有前三章那麼容易理解了，有些觀點可能要倒回去再看幾遍，甚至要反覆咀嚼體會一下——尤其巴門尼德的學說，確實不是一下子就容易想明白的。

但這恰恰說明，我們已經開始慢慢地入門了，不是嗎？

如果哲學不需要思考，那哲學還能稱為哲學嗎？

第五章

恩培多克勒（Empedocles）

四大元素構成了世界

恩培多克勒

BC495?~435?

古希臘哲學家，他觀察到了杯子被快速倒扣在水中，水不會填滿杯子的現象，並提出了「空氣是實體的」這一觀點。

土
火

上一章，我們介紹了一個與赫拉克利特持相反意見的人，叫巴門尼德。

然而，巴門尼德與赫拉克利特兩人相反的觀點，恰好又可以用「辯證法」來解釋，因為它們構成了對立統一，推動了思想的發展。

其實，在西方哲學史上，這種看上去截然相反，但其實是對立統一的理論並不少見。

譬如在歐洲的文藝復興之後，哲學這條軌道就分出了兩條岔路：一條叫「唯理論」（理性主義），一條叫「經驗論」（經驗主義）。

「唯理論」派的哲學家，希望依靠頭腦來思考真理是怎樣的；而「經驗論」派的哲學家，更關心人是怎樣通過各種感官來認識這個世界的——從某種意義上說，這也是一對「對立統一」。

而這些思想並不是在十五世紀以後突然出現的，如果要往前追溯，就必須追溯到古希臘的哲學家了。

這一章我們要講的哲學家，就是一位非常注重感性經驗的人——恩培多克勒。

注重感性

首先，我們來回答一個問題：甚麼叫「感性」？

「感性」是跟「理性」相對的說法，每個人都有感性的一面。

舉個例子，譬如你喜歡一個長毛絨的兔子玩具，它就是一個普通的長毛絨玩具，不會像有些電子產品那樣會唱歌說話；不會通過人工智能和你互動；也不會告訴你天氣情況之類的。但你就是喜歡它，因為你覺得它似乎是有生命的，它一直陪伴你，你抱着它睡覺特別安心——這就是一種感性的表現。

也有一些特別感性的人，他們對於感官和心靈的體驗會更加敏感細膩，而且往往有着豐富的想像力，也比較容易對神秘的事物感興趣。譬如有的同學很愛幻想，對於生活的點點滴滴有着獨特的感受，或者說起甚麼血型性格、星座時頭頭是道。他可能就是個偏感性的人。

說到這裏，你們的腦海裏有沒有浮現出某個朋友的形象呢？或者，乾脆就是你自己？

古希臘哲學家恩培多克勒就是這樣一個感性的人。就連他的哲學著作都是用詩的形式寫成的。他還曾對外宣稱自己是神，這一點是受到畢達哥拉斯的影響。畢達哥拉斯曾經說過自己是神使赫爾墨斯的兒子。據說恩培多克勒還曾預言自己的死期。

雖然恩培多克勒如此感性，卻有不少科學發現。

空氣是一種實體

恩培多克勒在科學上最大的貢獻是發現空氣是一種「實體」。

在恩培多克勒的時代，大家都認為「空氣」是看不見、摸不着虛無縹緲的。

但恩培多克勒反對這種看法。他認為空氣是實實在在地佔據了某一處空間的。我們在日常生活中看到一個杯子裏沒有水，我們會説這個杯子是空的。其實杯子並不是真的「空」，因為杯子裏還充滿了空氣，只不過我們看不見，摸不着。

我們現在覺得這個認識毫不稀奇，但放到古代，是極具突破性的發現。而且恩培多克勒並不是隨口説説，他還通過一個實驗證實了。

他把杯子快速倒扣到水盆裏，發現水並不會填滿這個杯子，他就因此作出判斷：杯子內部的空間被空氣佔據了。

恩培多克勒還觀察到了離心力的存在。他把繩子繫在裝了水的杯子上，拉住繩子的另一端快速旋轉，然後他發現即使杯口朝下的時候，水也不會灑出來，就好像有一種力量把水「壓」在杯子裏一樣。

雖然恩培多克勒還不能解釋其中的原理，但他比別人更早地注意到這種現象，並且把它描述了出來。

恩培多克勒還曾大膽地提出一種生物進化假說。他認為世界上最初散佈着各種生物，有的有頭但沒有脖子；有的有背但沒有肩膀；有的有眼睛但沒有額頭……這些東西會隨機結合起來，形成新的生物：有的長着無數隻手，只能在地上爬行；有的長着許多臉，能夠看到四面八方的東西；還有的長着人的身體和牛的腦袋……這些奇奇怪怪的生物顯然不可能全都生存下來，不能適應環境的就被淘汰了，最後只留下了少數物種。

雖然他說得有些離奇，但是「不能適應環境的就被淘汰了」這種想法和我們現在接受的達爾文的進化論提到的「優勝劣汰，適者生存」其實是一個意思。

而達爾文提出這個觀點，是在恩培多克勒提出假說後的兩千多年之後了。當然，達爾文是在大量的研究和證據的基礎上作出這樣一個判斷的。恩培多克勒雖然只是說出了這一個猜想，但已經是很不容易了——在那個時候，人們都認為物種是神創造出來的，怎麼可能是自己進化出來的呢？

既然恩培多克勒如此關注世界的多樣性，我們又要回到之前說的那些古希臘哲學家都很關心的一個問題了：

在恩培多克勒的心目中，世界的本源又是甚麼呢？

恩培多克勒在科學上最大的貢獻是發現空氣是一種「實體」。

世界不止一種本源

恩培多克勒的觀點和他之前的哲學家都不同——他認為**世界不止一種本源**。

在他看來，這個世界因為豐富而精彩，因為多樣而充滿活力，所以世界不止一種本源。他認為宇宙的本源有四種，分別是土、氣、火和水，各種事物就是這四種元素按照不同比例構成的。由於這四種元素的比例有無數種可能，於是也就形成了各種事物。

我們可以按照他的思路來推想一下，天上的白雲肯定是水和氣多一些，火和土少一些；美麗的花朵就是土和水多一些，火和氣少一些；火山裏的岩漿就是土和火多一些，水和氣少一些……

所以從這個意義上說，恩培多克勒的學說解釋了世界萬物多種多樣的原因。

宇宙的本源有四種，分別是土、氣、火和水，各種事物就是這四種元素按照不同比例構成的。

大家千萬別小看他的這個觀點，他這個觀點叫作「**四根説**」，後來經過大哲學家亞里士多德的發揚光大（後面也會介紹到他），對西方的哲學和醫學影響非常大。

看到這裏，你們可能會產生這樣的疑惑：恩培多克勒好像只是比較善於觀察和思考，這種特性又不是他獨有的。

沒錯，我們之前説過，泰利斯也是個注重觀察的人，他曾親自察看在洪水退去後留下的淤泥；畢達哥拉斯的想像力也很豐富，他説宇宙間充滿各種聲音，就好像在演奏交響樂。

那麼恩培多克勒的思想有甚麼獨特之處呢？為甚麼還是把他歸類為哲學家而不是科學家呢？

因為恩培多克勒試圖解釋：**人是如何認識世界的**。

人是怎麼認識世界萬物

恩培多克勒是古希臘第一個認真思考這個問題的人。

人們把恩培多克勒對於世界本源的看法叫作「四根説」，因為他認為事物的形成和消亡就是土、氣、火和水這四種元素聚集和散開的過程。但這種説法有一個問題：

四種元素又不具有自由意志，它們不會自己聚集或散開啊，它肯定需要有一種力量來驅動。是甚麼力量讓這些元素聚集或者散開呢？

恩培多克勒的回答是：「愛」和「鬥爭」。

還記得起初我們提到恩培多克勒其實是一個很感性的人嗎？

他認為，是「愛」讓這四種元素聚集，是「鬥爭」讓它們散開。

是「愛」讓四種元素聚集，
是「鬥爭」讓它們散開。

種子慢慢發芽、開花、結果，就是「愛」讓泥土、陽光、空氣、水分中的「四根」聚集起來；而當樹葉凋零、果實腐敗之時，就是「鬥爭」讓這些物質又消散到了泥土和空氣裏。還有像天上的雲朵會變成雨滴，火山裏的岩漿冷卻後形成岩石……事物在不斷變化，每一種實體都是暫時的，而只有這四種元素以及背後的「愛」和「鬥爭」的力量才是永恆的。

他不僅用「愛」和「鬥爭」來解釋事物的形成和消亡，還説人類社會的變化發展也是受這兩種力量支配的。在古希臘神話裏有一個傳説中的黃金時代，諸神在奧林匹斯山上創造了第一代人類，這個時代的人們無憂無慮，生活安閒，沒有紛爭。

恩培多克勒就説，黃金時代就是一個「愛」的力量在內、「鬥爭」力量在外的時代。但是人類社會並不是一成不變的，隨着「愛」和「鬥爭」的消長和循環，好的年代與壞的年代就會交替出現。

恩培多克勒認為，**世界的變化並沒有一個甚麼明確的目標，它只是在必然和隨機的支配中不斷變化着**。

那麼，人又是怎麼認識世界萬物的呢？

恩培多克勒認為，人的感官之所以能對各種事物產生感覺，那是因為人的感官裏也有土、氣、火和水這四種元素。

他說：「眼睛內部是火，火的周圍是土和氣，由於眼睛結構精細，所以火能夠像燈籠裏的光一樣通過土和氣。眼睛中有火與水各自的孔道，它們是交替排列的。通過火的孔道我們看到光亮的對象，通過水的孔道則看到黑暗的對象。」他認為事物中的水、火、土、氣都會向外發射粒子，每一種元素的粒子都可以順着眼睛裏對應的孔道「流射」進去，這樣我們的眼睛就能看到各種事物啦！

於是，人們把他的這種學說稱為「**流射說**」。

簡單來說，就是萬事萬物都在發射水、火、土、氣四種元素，而我們人類的眼睛，有水、火、土、氣四個相對應的接收器。一邊是**發射**，一邊是**接收**，通過這種方式，**我們就感知到了世界**。

這只是視覺，還有味覺、嗅覺、聽覺呢？

道理是一樣的。都是由於嘴巴、鼻子、耳朵和皮膚這些器官中有與「四根」相對應的管道。大家可以想像一下，譬如我們聞到了百合花的香味，是因為構成百合花的各種小粒子碰到了人的眼睛和鼻子，在對應的管道裏打了卡，「嘀！」然後它就通過了，被我們的感官認出了，於是我們看到了色彩，聞到了香味。

恩培多克勒的這種說法很形象生動，但在科學素養極高的現代人看來無疑是非常粗淺的。在他一百年後的亞里士多德就有了一個質疑：

如果人看到事物是由於物體的粒子流射到了眼睛裏，那麼為甚麼人在黑暗中看不見東西呢？

現代科學告訴我們，眼睛看到事物是一個非常複雜的生物學過程，簡單來說，物體反射的光線進入眼球，刺激視網膜形成了物體的影像。但是，恩培多克勒的理論有一個可貴的地方，那就是

小知識 ❶

四根說

恩培多克勒最早提出了「四根說」，認為事物由水、火、土、氣四種元素按照不同比例構成，「愛」和「鬥爭」讓元素聚集或散開。這個理論對後世的西方哲學和醫學影響很大。

小知識 ❷

流射說

恩培多克勒認為事物中四種元素的粒子「流射」到了人的眼睛、鼻子、耳朵等感官裏，所以人們看到、聞到、聽到、感知到各種事物。

他注意到了「人」。

在他之前的哲學家——他們對自然世界更感興趣，即使提到人或者靈魂，也只是當成世界的一部分來研究。

而恩培多克勒是**把「人」看作一個觀察者，與世間萬物區別開來**。

不過，恩培多克勒也只是對人感知世界的方式提出了看法，在他的學說中，「人」還只是一個觀察者，遠遠不是一個思考者，將其替換成一些高等動物似乎也是可以的。在恩培多克勒之後的哲學家，對於「人」這個思考主體的探究就越來越多了！

往後看，我們還會具體介紹。

第六章

阿那克薩哥拉（Anaxagoras）

萬事萬物的「種子」

阿那克薩哥拉

BC500?~428?

愛利亞學派哲學家，曾向米利都學派學習過，融合兩派思想提出了「種子説」。他用一種接近科學的目光審視世界，打破了人們對「神」的幻想。

上一章我們介紹了善於觀察而又感性的恩培多克勒。

今天我們要講的這位哲學家，與恩培多克勒有着千絲萬縷的關係，因為他們都屬愛利亞學派，算是師兄弟。你們還記得這個學派嗎？就是巴門尼德開創的哲學學派。

巴門尼德旗幟鮮明地反對赫拉克利特關於「世界流變」的觀點，認為世界是不變的。恩培多克勒把老師的觀點稍微折中了一下，提出「有些東西在變，而有些東西不變，世界是多元的」。

而這一章我們要介紹的這位哲學家，比恩培多克勒的思考更進了一步。他的名字叫阿那克薩哥拉。

融會兩派學說

説起這位阿那克薩哥拉，就不得不提起另一個哲學學派——米利都學派。

還記得米利都學派的創始人是誰嗎？沒錯，就是我們稱之為「古希臘哲學起源」，也是我們開篇就介紹的第一位古希臘哲學家——認為「水是萬物之源」的泰利斯。

阿那克薩哥拉雖然是愛利亞學派，但他也向米利都學派的阿那克西美尼（Anaximenes）學習過一段時間——阿那克西美尼是泰利斯的學生阿那克西曼德（Anaximander）的學生，也就是泰利斯的徒孫。

泰利斯、阿那克西曼德和阿那克西美尼這師徒三代，被稱為「米利都三傑」。

泰利斯認為世界的本源是水，他的學生阿那克西曼德把萬物的本源稱為「**阿派朗**」（Apeiron），有人把它翻譯成「無定形」，意思是沒有固定形狀、性質和界限的東西。而泰利斯的徒孫阿那克西美尼說萬物的本源是「**氣**」，萬事萬物都是由氣的聚散形成的——火是稀薄的氣，水是凝聚的氣，土是凝聚再凝聚的氣，連靈魂也是氣。

米利都學派和愛利亞學派有一個觀點是針鋒相對的——前者認為世界的本源雖然單一，但是運動的，但後者認為世界的本源是不會變的。

這就有意思了：阿那克薩哥拉屬愛利亞學派，又向米利都學派學習過，先後經歷過兩個觀點截然不同的學派，那麼他對世界本源的觀點，究竟是怎樣的呢？

阿那克薩哥拉把米利都學派和愛利亞學派的學說融會貫通，提出了自己的觀點——**種子說**。

種子說

恩培多克勒認為世界有四種元素，而阿那克薩哥拉認為世界上有無數種元素，並稱之為每種事物的「種子」。

阿那克薩哥拉認為，萬物都是可以無限分割的，哪怕是很小的一個顆粒中也包含着各種不同的「種子」。但是在人們眼裏，每一樣事物都有它特定的性質，水就是水，火就是火，沒有人會覺得水裏有火，或者火裏有水。

阿那克薩哥拉是怎麼解釋這一點的呢？

他說，如果在某個事物裏有一種「種子」的數量佔優，那麼它就會表現出這個「種子」的特點，譬如我們看到一滴水，那就說明這裏面水的「種子」最多，但是，這滴水裏不僅有水，還有別的「種子」，甚至有它的對立面——火。

聽到這裏你可能會覺得，上一章介紹的恩培多克勒，對世界的看法跟阿那克薩哥拉差不多嘛！只不過一個叫「元素」，另一個叫「種子」；一個說有四種基本元素，另一個說有無數種。這不是換湯不換藥嗎？別急，看下去，就能知道他們觀點的區別了。

「人」有主觀意識

還記得恩培多克勒是怎麼解釋人感知世界的方式嗎？

他說物體的元素粒子流射到了眼睛裏，接觸到了眼睛裏同種元素的管道，所以人能看到事物——也就是說，物體的元素和人體感官裏的「接收器」是一一對應的。

我們當時評價恩培多克勒了不起的地方在於，他關注到了認識世界的主體是「人」。但是在他的學說裏，人的感官好比是一台有四個頻道的機器，而且跟其他高等動物相比也沒甚麼獨特之處。機器是「死」的，只能接受設定好的東西。打個比方，你用冷氣機遙控器開電視，肯定失敗，因為冷氣機遙控器只能開冷氣機，電視沒有對應冷氣機遙控器的接收器。

阿那克薩哥拉就不同了，他認為人的感官可以感受到各種各樣的「種子」，不需要對應的「接收器」——你可以把這理解為「萬能

當我們品嚐一塊麵包時，舌頭感受到麵包的「種子」。

遙控器」。

當我們看到一塊麵包時，眼睛感受到了麵包的「種子」，當我們品嚐一塊麵包時，舌頭感受到麵包的「種子」。換句話說，接觸到甚麼，人就能感知甚麼，不需要藉助「接收器」！

在阿那克薩哥拉心目中，人是一個和世界面對面的主體，不是一個由各種零部件組裝起來的精密儀器。人直接認識世界，是有主觀意識的。

換句話說，在阿那克薩哥拉的觀點裏，人不是一部冷冰冰的機器，人和客觀世界的萬事萬物不一樣，人是有主觀能動性的。

恩培多克勒把人看作是一個「觀察者」，與世間萬物區別，而阿那克薩哥拉更進一步，把人的主動性和與客觀世界事物的區別進一步拉開，這是他觀點的一大特色。

一切都是由「努斯」安排好

恩培多克勒說，掌控世界變化和運動的力量是「愛」和「鬥爭」，但他沒解釋說「愛」和「鬥爭」是怎麼來的。

為此，阿那克薩哥拉提出了一個新的概念，叫「**努斯**」（Nous）。

這個單詞在希臘文中是「心靈」的意思，可以引申為「理性」。有的學者把它翻譯成「心」，也有的把它翻譯成「精神」，或者就以音譯來保持它的獨特含義——其實把它理解為人的「心靈」也可以。

「努斯」獨立於一般事物，它不與其他事物混同。阿那克薩哥拉認為，**「努斯」是各種運動的原因**：所謂宇宙，最早是無數無窮小的「種子」組成的混合體，在「努斯」的作用下，這個原始的混合體開始運動，首先從一小點開始，然後逐步擴大，產生了日月星辰，天空海洋——濃的、冷的、濕的和暗的物質結合為大

「努斯」是各種運動的原因。

地；稀的、熱的、乾的和明的結合為高空，最終構成了有秩序的宇宙。

換句話說，恩培多克勒所說的「愛」和「鬥爭」的力量是從哪裏來的呢？阿那克薩哥拉認為，都是由「努斯」，也就是「心靈」發出的。

「努斯」能讓各種微小的種子結合起來，產生了我們所看到的日月星辰，以及萬事萬物的無窮變化。無論是過去、現在，還是將來，阿那克薩哥拉指出：這一切都是由「努斯」安排好的。

由於阿那克薩哥拉的「努斯」學說常常被理解為與人的心靈相關，所以有時也被稱為「唯心主義」。

請注意，這裏所說的「唯心主義」不是一個貶義詞，恰恰相反，阿那克薩哥拉提出的「努斯」強調萬事萬物都可以無限分割，其實為後來的「原子唯物理論」

奠定了基礎。

只是由於他把萬事萬物的動因解釋為「努斯」的結果，卻沒有明確解釋「努斯」本身的動力何在，所以從蘇格拉底到柏拉圖再到後來的黑格爾，慢慢傾向於把「努斯」解釋為精神實體，也因此把「努斯」定義為「唯心主義」的術語。

用理性來審視世界

其實一個人一旦認識到萬事萬物不是由「神」創造，而是由一些基本的「元素」創造，看待事物就會越來越理性。

阿那克薩哥拉就是一個很好的例子，他既是一個哲學家，又是一個自然科學家。他提出的一些觀點和理念，儘管現在看起來還是有些謬誤，但在他所處的那個時代是很有突破性的。

譬如他提出太陽其實就是一團熾熱的物質，甚至就是一塊燒得又紅又熱的石頭（認為太陽比希臘大不了多少）；隕石是從地球之外掉下來的石頭（他認為是從太陽上掉下來的）；月球和地球一樣，也是行星，上面也有山谷（他認為月球上也有居民）。

還有一些觀點，現在看起來是很了不起的：

他首先提出雷是雲彩撞擊產生的；閃電是雲與雲之間摩擦的結果；月光只是月亮反射了太陽光；而日蝕和月蝕，只是因為月影遮擋地球，地影遮擋月亮。

用我們現在的眼光來看，阿那克薩哥拉是在用一種接近科學的目光來審視人類生存的世界，但在那時，他這樣的行為不但驚世駭俗而且相當危險。因為那時絕大多數人認為，產生這些現象的背後主導只有一個——神的力量。阿那克薩哥拉這樣的解釋，相當於抹殺了神的存在。

所以阿那克薩哥拉後來的命運有點悲慘：他以「不敬神」的罪名被指控，並被逐出雅典，晚年只能找一個地方隱居起來。

但你們看，這也恰恰就是思考的魅力：哲學家的探索和思考未必完全正確，他們卻從未放棄思考。這些思考非常超前，遠遠超出普通人可以達到的境界，領先於他們所處的時代，超越了他們擁有的文明和科技水平。也正是這些當時看起來離經叛道，現在看起來有些荒誕的思考，推動科技進步和人類認知的一步步發展。

這或許就是追求真理的精神：即使不被人理解，遭受各種非議乃至非難，卻始終如一地堅持自己的觀點，捍衛真理，啟迪後輩。

最後我們來總結一下，不知你們是否發現，從我們最初說的泰利斯開始到現在的阿那克薩哥拉，從單一的「水」或「火」到目前的「四元素」和「種子説」，古希臘哲學家對世界本源的認識正在越來越複雜化和多元化。

正所謂「真理不辨不明」，在各種思想的激烈碰撞之下，問題的本源也在漸漸浮出水面。那麼，讓我們繼續以一個觀察者的身份，看看接下來還會發生甚麼吧！

小知識 ❶

種子説

阿那克薩哥拉認為世界上有無數種元素，他把這稱為每種事物的「種子」。萬物都是可以無限分割的，哪怕是很小的一個顆粒中也包含着各種不同的「種子」。但是，在一般群眾眼裏，每一樣事物都有它特定的性質，水就是水，火就是火，沒有人會覺得水裏有火，或者火裏有水。

小知識 ❸

努斯

在一定程度上，可以把「努斯」理解為「心靈」，阿那克薩哥拉認為「努斯」是產生各種運動的原因，這個理論甚至可以擴展、應用到宏大的宇宙中。

小知識 ❷

人如何感受到種子

阿那克薩哥拉認為人能感受到萬物的種子，不需要對應的接收器，人是作為一個主體來接收的，這點和上一章所說的恩培多克勒不一樣。

第七章

德謨克利特（Democritus）

發現「原子」的預言家？

德謨克利特

BC460?~370?

他出身於一個富商家庭，喜歡在遊歷中增長見識、學習知識。德謨克利特大膽假設，比科學發現早兩千多年，構想出了「原子」。

在開始本章之前，我們先做一個簡單的回顧：

還記得之前我們說的那幾位哲學家的觀點嗎？赫拉克利特強調世界的流變，而巴門尼德強調世界的統一。跟巴門尼德同屬愛利亞學派的恩培多克勒和阿那克薩哥拉，折中了兩位前輩的觀點：恩培多克勒提出「四根說」，認為萬物是由土、氣、火和水這四種元素按照不同的比例構成的；而阿那克薩哥拉提出了「種子說」，認為萬物都是由無限小的「種子」構成的，人的感官接觸到不同的種子，也就產生了對事物的感覺和認知。

恩培多克勒和阿那克薩哥拉在解釋「一」和「多」的關係的時候，特別重視世界的多樣性，強調人的主體性，也偏向於感性。而我們今天要講的這位古希臘哲學家，希望回到理性的路上，重新理解世界的多樣性和統一性之間的關係。

相傳，他為了避免受到感性外物的影響，導致自己的理性思考受到蒙蔽，而故意弄瞎了自己的眼睛。

世間萬物都是由不可分割的原子構成的。

這位如此剛烈的哲學家，名叫德謨克利特。

萬物由不可分割的原子構成

要了解德謨克利特的哲學思想，還得從他的老師留基伯（Leucippus）說起。

留基伯出生在米利都——很熟悉的地名對不對？沒錯，就是泰利斯的故鄉。留基伯不僅承傳了米利都學派的學說，致力於思考世界的本源，也深受愛利亞學派的影響，巴門尼德提出的「存在」、恩培多克勒的「四根說」和阿那克薩哥拉的「種子說」都給他很大的啟發。

德謨克利特和他的老師留基伯一起提出了一種新的學說——「**原子說**」，他們認為，世間萬物都是由不可分割的原子構成的。

這裏有必要解釋一下：

你們如果學過化學和物理就會知道，在現代科學中，「原子」是化學反應中不可分割的最小微粒，是最基礎的物質，而在物理概念中，「原子」還能分割為原子核和電子。

所以從德謨克利特「原子不可分割」的理念來看，我們說他所說的「原子」，更接近化學概念中的「原子」。

難道那時候的古希臘人就已經弄清現代科學概念中的原子的結構了嗎？

並不是。

這其實又是一個很好的例子，可以說明「哲學和科學的區別」這個問題。

科學家提出一種學說，必須在觀測的基礎上進行嚴密論證，譬如你要觀測到這個東西存在，或者要提供一系列可以證明的證據；而哲學家則不需要提供證據，他主要提供看待人和世界的方法與原則。

從這個意義上說，哲學家的學說不等同於科學觀察，但可以指導科學家開展科學探索，譬如，雖然古代人對這個世界的認知並不全面，但隨着時代的發展，人們總會提出一個問題：

組成物體的最小微粒是甚麼？會不會有更小的物質存在？

在這些問題上，哲學家負責思考和假設，科學家負責實驗和證明。

完善「原子說」

德謨克利特進一步發展和完善了老師留基伯的「原子說」。

他認為萬物都是由原子構成的，原子在物理上是不可分割的微小顆粒，原子的數量是無限多的——我們要知道，他在那時能提出這個說法，已經是相當厲害了。他還認為，原子之間的空隙叫作「**虛空**」，世界就是由原子和虛空構成的，虛空是原子運動的場所。

運動是怎麼產生的呢？阿那克薩哥拉說「努斯」是各類「種子」運動的原因。也就是說，「種子」的運動不是由自己決定，而是來自「努斯」的控制。那「努斯」的運動又是由甚麼來決定的呢？

德謨克利特**直接從「原子」本身的特性來解釋運動的原因**。他說，原子在下落過程中，較重的原子會追上較輕的原子，於是它們會發生碰撞，改變原有的運動方向，或者發生旋轉。原子層面的這些運動也就導致事物層面的各種運動與變化。

那麼，原子的這種運動是偶然的還是必然的呢？德謨克利特認為原子的碰撞、旋轉是由甚麼導致的？對，是不同原子的重量，而各種原子的重量並不是隨機的。所以，德謨克利特強調事物的**必然性**。也就是說，無論是颳風下雨、吃飯喝水，哪怕是生男生女，我們生活中的一切，都是事先確定好的。

德謨克利特是如此鍾情自己的「原子」學說，以至於他不僅用「原子」學說解釋宇宙的形成，還用「原子」學說解釋人的思想。他認為，人的靈魂也是由原子構成的，因此，人的思想過程也是遵循規律的——換句話說，人不同的思考，都是由原子構成的不同形態決定的。

德謨克利特的學說裏，是沒有「神」的位置的。在他看來，正是因為愚昧的人缺乏知識，無法認識到世界的本源（譬如他的「原子」說），才會對不可解釋的奇異自然現象感到驚奇乃至產生恐懼，進而只能把這一切解釋為「神」創造的。他認為「神」

是完全不存在的，天地之間，能永恆存在的，只有「原子」和「虛空」。

正因為德謨克利特強調事物的客觀規律，所以人們把他稱為最早的唯物主義者。

說到唯物主義者，你可能馬上會想到馬克思（Karl Marx）。但是在馬克思心目中，德謨克利特的學說最多只能算是機械的唯物主義。馬克思在自己的博士論文裏比較了德謨克利特和另一位古希臘哲學家伊壁鳩魯的哲學思想。

正如我們剛才提到的，德謨克利特構建的原子世界有一個鮮明的特點，就是沒有偶然，只有必然，所以馬克思認為這樣的原子世界是不自由的。而在伊壁鳩魯學說（Epicureanism）中，原子偶爾會發生偏斜運動，這種在必然性之外的偏斜運動被馬克思稱為「自由」。

德謨克利特的學說與許多近代科學發現不謀而合：譬如他的原子學說。

這種自由可不是打破既定規則那麼簡單，它代表一種可能性，是原子的「自我意識」，也是這個世界發展變化的真正動力——並不是一切事物都是事先全都安排好的。

有一點請大家記住，這些哲學家並不是真的在討論「原子」，或是在描述宇宙的構成，而是藉「原子」這個概念來表達自己的學說。

在德謨克利特所生活的時代，真正意義上的現代科學還沒有誕生，更別提精密的觀測設備和先進的實驗方法了。我們能發現德謨克利特的學說與許多近代科學發現不謀而合：譬如他的原子學說，就啟發了後世的科學家，後人就沿用了「原子」這個詞來命名組成分子的最小化學單位。

這實在是一件很奇妙的事。

與其說德謨克利特是一位預言家，倒不如說哲學和科學在探索人與世界的關係時，其實是殊途同歸的。

走到室外的廣闊天地

最後，介紹一下德謨克利特生平的遭遇，可能會對大家有一些啟發。德謨克利特出生在希臘東北方的繁榮城市阿布德拉，他的父親是一個富商，所以家境很優越。

德謨克利特很小的時候就接受了神學和天文學方面的知識灌輸，自己對東方文化也有濃厚的興趣。為了激發自己的想像力，他甚至會走到荒涼的地方或獨自一人去墓地。

成年以後，德謨克利特更是遊歷四方：他到雅典學習過哲學；去埃及學習過幾何；在尼羅河的上游研究灌溉系統；在僧侶居住的寺廟學習如何觀察星辰和推算日蝕時間。他堪稱是古希臘的一個全才，在邏輯學、物理、數學、天文、動植物學、醫學、心理學、倫理學、教育學、修辭學、軍事學等方面都很有研究，同時還是一個出色的音樂家、畫家、雕塑家和詩人。

為了進一步通過遊歷增長見識和學習知識，他和自己的兩個兄弟分了家，他自己取了最少的一部分家產，大約是一百塔蘭同（古希臘的一種貨幣單位）。他拿了這筆錢後就漫遊了古希臘各地，到過埃及，到過巴比倫平原，最南到過埃塞俄比亞，最東到過印度，甚至還在波斯結識了一群占星學家。

當他把錢花得差不多的時候，就回到了自己的家鄉阿布德拉，殊不知有一場審判在等着他。阿布德拉有一條規定，將祖上財產耗盡而不事生產的人，將被驅逐出境，死後也不能遷回安葬。

在審判他的法庭上，德謨克利特為自己做了辯護：

在我同輩的人當中，我漫遊了地球的絕大部分，我探索了最遙遠的地方；在我同輩的人當中，我看見了最多的土地和國家，我聽過最多有學問的人的講演；在我同輩的人當中，勾畫幾何圖形並加以證明，沒有人能超得過我，為埃及所丈量的土地，也未必有人能超越我……

然後，他當庭閱讀了自己寫的書（後被推測應該是《宇宙大系統》，德謨克利特寫下過五十二部作品，但大多數都已經消失，只留下少數殘卷）。

在聽了他的辯護和作品之後，所有人都感到震撼，法官當庭宣判他無罪，並且給予他五百塔蘭同的報酬——相當於他揮霍掉的財產的五倍——用來獎勵他寫出的這部著作。

德謨克利特在世時，阿布德拉市裏就豎立起了他的銅像，他死後享受了隆重的國葬。

很多出色的哲學家，並不是成天局限在自己的一個小書房裏，挖空腦袋在思考，他們中的很多人都是走到室外的廣闊天地，去遊歷，去感受，去學習，在旅行和探訪中不斷思考、總結，得出新的觀點。德謨克利特勇於大膽假設的性格，以及在他所處的那個時代就能構想出如此超前的「原子說」，都與他四處遊歷和學習密不可分。

小知識 ❶

原子說

德謨克利特認為世界是由原子構成的，原子是無法再分割的基本微粒。從他的「原子不可分割」這個理念出發，他所說的「原子」，對應的是現代化學概念中的「原子」。

小知識 ❷

科學與哲學的區別

德謨克利特的「原子說」這個例子，很好說明了哲學與科學的關係：哲學家側重思考和假設，科學家側重實驗和證明。

而中國其實也有一句話，叫「讀萬卷書，行萬里路」，保持不斷的思考當然非常重要，但如果有機會有能力，多去一些地方，多經歷一些人和事，對你整個思想境界的提高，也是大有幫助的。

多看多思，大膽假設，廣闊天地，大有可為，加油吧！

第八章

芝諾（Zeno）

古希臘最著名的「包拗頸」哲學家

BC490?~425?

芝諾

他是我們之前說過的巴門尼德的學生，他提出了很多看上去完全不符合常識的「悖論」，來考驗大家的思考能力。乍一看，他就有點像在為駁而駁，也就是像「包拗頸」。實際上，他是在用這種方式促進大家思考。

一轉眼，已經到第八章了。

如果你能堅持看到這裏，甚至還帶有那麼一點興趣，那麼恭喜你：可以說你已經初步邁入古希臘哲學的大門了。

在這一章，我們要介紹一位比較特別的哲學家。這位哲學家給古希臘人出了一堆的難題，用現在的眼光看過去，他有點像我們現在所說的「包拗頸」。兩千多年來，全世界的學者都在想盡辦法證明他那些（「包拗頸」／為駁而駁）的觀點和理論是錯的！

這個「包拗頸」就是芝諾。

創造悖論的高手

關於芝諾的故事，還得從赫拉克利特和巴門尼德的爭論說起。

赫拉克利特說宇宙是一團永恆運動的活火，世界是不斷變化的；

而巴門尼德認為運動和變化都是感官的幻覺，世界（的本質）就是一個絕對的「一」。

本章的主角芝諾，就是巴門尼德的學生，他就像代表老師去踢館的大弟子，一口氣提出了四十個悖論（Paradox，亦稱「弔詭」），目的只是想證明一件事：

運動這種東西，是不存在的！

我們先要解釋下，甚麼叫悖論？

這個世界上存在這樣一類命題，它可以推導出與經驗、常識相悖的或者兩個互相矛盾的結論——這種命題我們就叫它悖論。

舉個例子，從前有個小鎮，鎮裏有位理髮師，有一天他說：「我將給鎮上所有不會自己理髮的人理髮，我也只給這些人理髮。」

那麼他到底該不該給自己理髮呢？如果他不給自己理髮，那麼他就屬「不會自己理髮的人」，但按照他的諾言，他就得給自己理髮；可他一旦會自己理髮，又違背了自己的諾言，因為他就成了給「會自己理髮的人」理髮。

理髮師的這句話，使他不管是否給自己理髮，都是自相矛盾的，這就是一個悖論。

那理髮師要怎麼說才能避免出現悖論呢？其實，他只要把那句話裏的「所有人」改成「除我以外的所有人」就可以了——他的那句話就變成了：「我將給鎮上除我以外所有不會自己理髮的人理髮，我也只給這些人理髮。」

聽上去是不是覺得有些費腦子？如果你感到費腦子，那麼講這個故事的人就達到目的了——哲學家創造悖論，正是為了鍛煉人們的邏輯推理能力，促進思考。

而芝諾，就是一個創造悖論的高手。

兩個著名悖論

我們來説説芝諾比較著名的兩個悖論。

第一個悖論叫「**阿基里斯和烏龜賽跑**」。

古希臘神話裏有一個英雄人物叫阿基里斯（Achilles），他是海洋女神忒提斯（Thetis）和英雄珀琉斯（Peleus）的兒子。阿基里斯非常強大，除了腳後跟有弱點外，渾身刀槍不入，跑步的速度也非常快。

芝諾假設了一場賽跑，參賽選手是兩個人，一個是速度過人的阿基里斯，一個是慢吞吞的烏龜。

你説這場賽跑的結果會怎麼樣？

這裏還要指出一點，阿基里斯不會像「龜兔賽跑」故事裏那隻兔

「我將給鎮上所有不會自己理髮的人理髮，我也只給這些人理髮。」那麼他到底該不該給自己理髮呢？

子那樣在半途睡着，他是會全程拼命往前跑的。

那麼，結果還需要說嗎？

芝諾卻說：「只要讓烏龜先爬一段路，阿基里斯就無論如何也追不上烏龜！冠軍肯定是烏龜！」

聽到這個結論，你肯定會想：這不是亂說嗎？

芝諾說，我可沒亂說，我來證明給你看！

芝諾是這麼證明的：

假設烏龜先爬一段距離，無論是一米，還是半米，哪怕是一厘米，甚至是一毫米，然後阿基里斯再出發追趕。當阿基里斯追到烏龜先前所在的那個位置時，烏龜爬得就算再慢，也會利用阿基里斯奔跑的這段時間往前爬了一小段吧？哪怕只是爬0.1毫米，也是往前爬了。好，那麼當阿基里斯接下來追上這一小段的

時候，烏龜肯定又往前爬了一點點，哪怕是0.01毫米……

所以你看，雖然阿基里斯跑得非常快，烏龜爬得非常慢，但從這個道理上講，阿基里斯只可能越來越接近烏龜，而無法真正地追上烏龜。

來，我們停一下，想一想，芝諾這麼說好像很有道理對不對？但這明明是不可能的啊！

究竟是哪裏出了問題？別急，我們先把第二個悖論聽完。

芝諾提出的第二個悖論，叫「**飛矢不動**」。

「矢」就是和弓搭配使用的箭。弓一旦拉開發射，箭就會快速地向前飛出去——這是最基本的常識對不對？

但芝諾說，不對！飛行着的箭根本就沒在運動！

阿基里斯只可能越來越接近烏龜，而無法真正地追上烏龜？

芝諾又給出自己的證明：

這支箭在飛行的過程中，在每一個時間點，都處於一個固定的位置，佔據一個固定的空間——而在這一刻，佔據這個空間的物體，是靜止的。

時間是由一個個時間點組成的。既然這支箭在每個時間點都不動，那麼它在整個飛行的過程中就是不動的——這就是芝諾做出的解釋。

於是，芝諾就宣佈：

運動是不存在的！你覺得這個東西在動，這只是你感官的幻覺。

是不是覺得這兩個悖論聽上去完全是胡說八道，但按照芝諾的理論，似乎無法反駁？請大家注意，這恰恰就是芝諾創造的悖論與前面說的「理髮師悖論」的差別：「理髮師悖論」是從初始命題

既然這支箭在每個時間點都不動，那麼它在整個飛行的過程中就是不動的。

推出兩個彼此矛盾的結論；而芝諾悖論則是從芝諾造出來的命題推出和經驗、常識相矛盾的結論。

芝諾的悖論困住了無數想和他爭辯的人，對此，他表示：

「人的知識好比一個圓圈，圓圈裏面是已知的，圓圈外面是未知的。你知道得愈多，圓圈就愈大。」

如何反駁悖論

芝諾的這些悖論提出之後，古希臘的那些哲學家都坐不住了。他們紛紛想盡辦法，從不同的角度駁斥這些命題。古希臘犬儒學派有一位哲學家叫第歐根尼（Diogenes）（我們後面會講到他），有一次被學生問起該如何反駁芝諾時，他沉默着在房間裏走來走去。學生對此感到很疑惑，第歐根尼就說：

「芝諾認為運動不存在，我這不是正在證明他是錯的嗎？」

第歐根尼的這種證明方法很巧妙，他想告訴學生，當我們確確實實用感官（譬如眼睛）感受到事物在運動的時候，運動就是真實存在的。

但芝諾恰恰是想證明：你的感官欺騙了你！

大家還記得我們講過哪位哲學家特別強調感性經驗嗎？對，就是恩培多克勒。而芝諾不認可感官接收到的信息，他更相信由理性思考獲得的東西。他故意說出那些看上去違背常識的結論，就是要告訴大家，感官有時候是不可靠的。

所以說，芝諾和第歐根尼站在了理性和感性的不同角度，如果他們倆能當面對質，結果很可能是誰也無法說服誰。

隨着時間的推移，越來越多的哲學家、物理學家、數學家加入了

反駁芝諾悖論的隊伍裏。就這樣，芝諾的悖論被人們談論了兩千多年。

其實芝諾的說法肯定是有問題的，但為了辯明芝諾悖論中的問題，歷代學者搬出了大量的數學公式和術語，看得人眼花繚亂。能不能用比較簡單的話來解釋一下呢？

如果能抓住關鍵點，倒也不算太難。

「阿基里斯和烏龜賽跑」以及「飛矢不動」的問題在於：芝諾忽視了——或者故意略過了——時間和空間的連續性，而運動正是在連續的時間和空間裏發生的。

聽上去很抽象是不是？給大家舉個例子。

當你看到一名運動員在跑道上奔跑的視頻的時候，你看到的是一組運動的畫面，因為你眼前的時間和空間是連續的；

而當你用照相機給這名奔跑的運動員拍下許多張照片的時候，每一張照片上的運動員都是靜止不動的，因為每張照片所記錄的時間和空間是不連續的，它們所處的時空都是斷開的。

芝諾就是把原本連續的時間和空間給強行斷開了。

讓我們再來回顧一下芝諾對「飛矢不動」的證明過程：

芝諾認為這支箭在每一刻都佔據了一個固定的位置，是靜止的，所以它在整個過程中是不動的。就像我們給這支飛行的箭拍了很多照片，因為每張照片上的箭都是靜止的，所以這支箭沒有動過。

但事實上這支箭從一個位置到了另一個位置，正是靠運動而不是魔術師把它搬運過去的——芝諾把這個運動的連續過程給抹殺了。

再來看看「阿基里斯和烏龜賽跑」，其實是一樣的道理：

芝諾把阿基里斯跑過的空間距離切分成一組一組，這樣一來，阿基里斯好像跟烏龜跑了無數場比賽似的，永遠看不到盡頭。

打個比方，你在肚子很餓的時候，吃一根很長的麵條，如果你連續不停地吃，一會兒就能把它吃完。但是現在規定，你每次得把麵條咬斷，然後吃掉其中較長的那段，接着再把剩下的咬斷，吃其中較長的那段……這樣一來，是不是感覺吃了很久也吃不完呢？只要麵條還能再細分，你就永遠也吃不完！

芝諾就是這樣，把阿基里斯跑過的距離切分成無數段，看起來阿基里斯就永遠比烏龜落後一點點。而在現實當中，阿基里斯的奔跑是在時空中連續發生的，芝諾又一次人為切割了連續的時空，把它們變為一個個隔斷的固定時空——而這種時空在現實中是不存在的。

正如你兩三口就可以吃完麵條一樣，阿基里斯只需要兩三步就能追上烏龜啦。

芝諾把這個運動的連續過程給抹殺了。

說到這裏，要順便說一句，有一門學科叫「微積分」，就是來解決無限分割的事物的計算問題，你們在大學的數學課上就會學到。

芝諾所處的那個時代，當然沒有微積分，但他通過**偷換概念**，得出一個錯誤的結論。

當看到運動員將足球踢進球門時，當看到落葉被風吹起又飄下時，當看到地鐵或列車隆隆駛過時，我們感受到的是在連續的空間和連續的時間裏發生的連續運動。運動的軌跡可以描繪、測算，但運動本身是無法度量的。從這個意義上來講，第歐根尼用走來走去的方法來反駁芝諾，確實還挺高明的。

那既然芝諾悖論是有漏洞的，是錯誤的，我們為甚麼還要了解它呢？

提高思辨能力

因為了解芝諾的悖論，對我們提高思辨能力是有很大幫助的。

二十世紀偉大的哲學家維特根斯坦（Wittgenstein）曾把哲學思想比喻成梯子。他認為，人們不應該僅僅關心梯子本身，而是應該關心到底有多少種不同的梯子，以及關心這些梯子可能會通向哪些不同的方向。

而「芝諾悖論」就是這樣一架梯子。

雖然千百年來，有很多人不認同芝諾的結論，認為這種歪門邪道不值一提。但每個時代的智慧學者都認為，芝諾的悖論值得反駁。這是因為，當人們在談論、駁斥芝諾悖論的過程中，會不斷地思考和論證，逐漸就形成了對於時間、空間、有限和無限的認識。

所以也請你記住一句話：

有時候，提出一個有價值的問題，比回答一個問題更有意義。

好了，不要以為古希臘時期只有芝諾一個哲學家會這樣詭辯，在下一章，我帶你們認識一個同樣善於辯論，甚至可說是「狡辯」的哲學家。

小知識 ❶

悖論

可以推導出兩個相互矛盾結論的命題，或可以推出與經驗、常識相悖的結論的命題，我們稱它為悖論。芝諾就提出了兩個著名的悖論：「阿基里斯和烏龜賽跑」及「飛矢不動」。

小知識 ❷

芝諾悖論錯在哪兒

他把連續的時間和空間強行斷開了，把它們變為一個個隔斷的固定時空——這種時空在現實中是不存在的。

小知識 ❸

微積分

微積分可以解決無限分割事物的計算問題，也可以用來破解「芝諾悖論」。

小知識 ❹

問題的價值

有時候，提出一個有價值的問題，比回答一個問題更有意義。

不要害怕提問題，也不要害怕提錯誤的問題，只要問題有價值，就會促進你思考，幫助你提高。

第九章

普羅達哥拉斯（Protagoras）

「人」是萬物的尺度

普羅達哥拉斯

BC490?~420?

古希臘智者學派的代表人物，提出了「人是萬物的尺度」這個觀點，這在當時是非常具有顛覆性的。

上一章，我們介紹了芝諾，也介紹了他那兩個最著名的悖論。

有人說，芝諾可以稱得上一個詭辯家了。甚麼是詭辯？詭辯是一種看似正確、實際錯誤的辯論，巧妙地利用人們看不出的漏洞來證明自己的觀點。

今天我們要講的這位哲學家也很善於辯論，這個人就是智者學派的代表人物，名字叫普羅達哥拉斯。

智者的出現

其實，「智者」這個詞原來是個褒義詞。

在古希臘的早些時候，「智者」不分行業，可以指各行各業的聰明人：造船工人、鐵匠、雕刻大師都可以被稱為「智者」。後來「智者」慢慢變成了「教授」的代名詞，專門指那些收取報酬給別人上課的老師。

為甚麼當時的希臘會出現「智者」這類人呢？正所謂哪裏有需求，哪裏就會有「市場」。那時候的希臘，民主政治發展得很好，普通的公民都能參與城邦的公共事務，有很多年輕人想在政治上一顯身手，就會拜智者為師，學習演講、辯論的技能。

普羅達哥拉斯就是最有名的一位智者。

他曾在希臘的各個城邦周遊，過着到處收徒講學的生活。普羅達哥拉斯認為每一個城邦公民都應該積極投身到公共事務中去。他借用了哲學家德謨克利特的「原子」理論來說明這個觀點。

德謨克利特說過，萬物是由原子構成的，原子處在永恆的運動之中，它們之間也會相互碰撞（這裏還是要再提提大家，德謨克利特的原子學說並不是科學觀察的結果，而只是他對宇宙的一種思考和推測，畢竟證實原子的存在也只是最近兩三百年的事）。

普羅達哥拉斯就把這個「原子說」延伸了，他說，如果把城邦看作一個整體，那麼公民就是其中的一個個原子。每個自由公民都是獨立的，但是他們也會像原子那樣相互碰撞，各自發表觀點，互不相讓，這樣的城邦才是一個有前途的城邦。

而普羅達哥拉斯的職業，就是教人如何使用優雅的語言來表達觀點，以及如何在激烈的辯論中獲勝。

說個小故事吧，它可以展現普羅達哥拉斯當時在人們心目中的形象。當然，這個故事的真實性還有待考證，很可能是人們編出來的。

據說有一次普羅達哥拉斯招了一名學生，他們約定：只有這名學生第一次打官司獲勝，他才需要付給普羅達哥拉斯學費，否則就不用付錢。結果這名學生的第一場官司是甚麼呢？是普羅達哥拉斯起訴了他，要他交學費。

普羅達哥拉斯這麼做有甚麼玄機嗎？

無論官司輸贏，這名青年都得交學費！

你們不妨想一想：

如果這個學生官司獲勝，會怎樣？那麼雖然他不用按照法庭宣判付給普羅達哥拉斯學費，卻要按照雙方事先的約定給普羅達哥拉斯付學費。

那麼如果這個學生敗訴了呢？那就應該按照法庭宣判，付給普羅達哥拉斯學費。

也就是說，無論官司輸贏，這名青年都得交錢！

可能你們會說，這個故事裏的普羅達哥拉斯看起來挺有頭腦的，但是好像有點狡猾，形象不太美好啊……

你還真說對了！在當時的古希臘，很多人並不喜歡這種所謂的「智者」，認為他們只是會耍小聰明，尋找人們邏輯上的漏洞來佔便宜，所以這個故事也很有可能是那些人編出

來用來諷刺以普羅達哥拉斯為代表的「智者」群體的。

當時城邦裏的當權者以及一些哲學家都對他們很反感，古希臘「三賢」之一的柏拉圖就在自己的著作裏公開表達了對普羅達哥拉斯的不滿。

原因在於普羅達哥拉斯提出的觀點呢！

人是萬物的尺度

普羅達哥拉斯最著名的一句話是：

人是萬物的尺度，是存在者存在的尺度，也是不存在者不存在的尺度。

「尺度」就是「依據」和「準則」的意思。這個詞，我們之前說的有一位哲學家說過，大家還想得起來嗎？對，就是赫拉克利特，他曾經說過：

（宇宙）過去、現在和將來永遠是一團永恆的活火，按一定尺度燃燒，按一定尺度熄滅。

赫拉克利特的意思是，宇宙的運轉是有一定的原則和規律的。

而普羅達哥拉斯說「人是萬物的尺度」，意思就是，甚麼火啊，水啊，邏各斯啊，都是不對的，只有「人」才是世界萬物存在的依據和準則。

這對於兩千五百年前的古希臘人來說，無疑是一顆大炸彈啊！

那時候大多數古希臘人——包括其他文明種族的人，認為萬物的尺度是誰？是神啊！

在古希臘大多數人的認知裏，只有萬能的神，才是萬物的尺度——奧林匹斯山上的眾神不僅可以改變世界萬物，也可以改變普通人的命運。

而普羅達哥拉斯在一本叫作《論神》的書的開頭這樣寫道：

至於神，我沒有把握說他們存在或者他們不存在，也不敢說他們是甚麼樣子。

他雖然沒有否定神的存在，甚至他本人依然還是崇拜神，卻不再把神看作世界的運行法則。

而且，他不說神是尺度就算了，他直接把在神話中最卑微的凡人說成萬物的尺度，那是很多人之前想也不敢想的事情！

所以在這一點上，普羅達哥拉斯和芝諾有點像，他們都把很多值得思考的問題擺在了我們面前。

「人是萬物的尺度」這句話，為甚麼會遭人恨呢？

因為這句話不僅讓很多尊奉神靈的古希臘人感到不安甚至惱怒，也讓那些走在自然哲學探索之路上的哲學家感到震驚。

在普羅達哥拉斯之前，已經有不少哲學家開始追尋宇宙的本源，探求世界的「邏各斯」，他們不相信神，也不相信人，他們相信萬物有客觀規律，不管人類有沒有認識到這些規律，它們都是存在的。

譬如說，冰塊遇熱會融化，不管人們是不是明白其中的道理，大自然都是這麼運轉的。而普羅達哥拉斯告訴大家：不是那麼回事！他認為，我們不能拋開「人」來談論這個世界是怎樣的，因為「人」才是萬物存在或者不存在的尺度。

在普羅達哥拉斯看來，風對於覺得冷的人來說是冷的，對於不覺得冷的人來說是不冷的，因此每個人都有自己的感覺和對世界的認知，誰能證明自己的認知是絕對正確的呢？

把在神話中最卑微的凡人說成萬物的尺度。

所以普羅達哥拉斯得出的結論就是：**沒有絕對的真理**，我們只能說某種看法比另一種看法更好一些，但是我們很難說某種看法比另一種看法更接近真理。

譬如說，一個人是色盲，而健康的人能看到各種各樣的顏色。相比健康的人來說，有色盲的人很難區分不同的色彩，這樣會給他的生活帶來很多麻煩。你想，如果一個人分不清交通燈的顏色，那多危險啊！所以我們可以說，健康的人對顏色的辨別能力要比色盲的人更好一些。

但是，我們無法說普通人看到的色彩更接近真理。普羅達哥拉斯認為，某個東西到底是色盲的人看到的黑白色，還是健康的人看到的顏色，這個問題根本沒有意義。

就這樣，普羅達哥拉斯走上了**懷疑**的道路，他對許多傳統的風俗習慣、宗教觀念都提出了挑戰。這麼一來，城邦的當權者當然對他很不滿意！普羅達哥拉斯也不相信客觀真理存在，他還對以往哲學家的觀點提出質疑，甚至認為世界上並沒有甚麼確定的、可靠的知識。

智者學派中有個叫高爾吉亞（Gorgias）的人，把這種懷疑的精神發揮到了極致。他認為：這個世界上任何事物都不存在；就算有東西存在，我們也無法認知它們；就算有人能認知它們，這個人也無法把它們傳達給別人。

在智者學派的眼裏，那些冥思苦想的哲學家其實都是在做無用功，這能不遭人恨嗎？

真正意識到「人」的價值

大哲學家柏拉圖就是不滿意人群中的一員。

他找了一個反例來諷刺普羅達哥拉斯「人是萬物的尺度」的觀點：

你不是認為人對世界的感覺各不相同嗎？好的，那麼豬、狗、大猩猩也有各自不同的感覺，按照你的理論，那應該也可以說「豬是萬物的尺度」或者「大猩猩是萬物的尺度」才對啊！

柏拉圖甚至說過：「我看他還不如一隻蝌蚪聰明。」

哈哈，哲學家罵起人來也是很刻薄的！

但是，也有人有不同的意見。

柏拉圖的學生亞里士多德就比他的老師冷靜一點，他認為普羅達哥拉斯強調人是萬物的尺度，不僅因為人有感覺，還因為人有思維。這可是其他動物所不具備的。也就是說，普羅達哥拉斯的觀點可以理解為：人的感覺和思維才是萬物存在或不存在的尺度。

黑格爾也覺得普羅達哥拉斯很了不起，因為他是第一個把「能感知、會思考的人」拉到哲學視野中的人。

當人認識到「冰塊遇熱融化」這規律，並且去理解、運用，這在人的世界裏才有意義。

在普羅達哥拉斯看來，人是一切知識和學問的規定者，因此也可以說人是世界的規定者。還記得我們前面提到的那個例子嗎？冰塊遇熱會融化，不管人是否懂得這個現象，它都是存在的。但是反過來想，**當人認識到這個規律，並且去理解、運用它的時候，人的世界才變得清晰起來，「冰塊遇熱融化」這件事在人的世界裏才具有了意義**。

普羅達哥拉斯將古希臘哲學的視線從大自然拉到了人的身上。不過，他的觀點也不是憑空出現，在他之前的幾位哲學家的學說裏已經能看到端倪了。大家還記得嗎？阿那克薩哥拉曾說，一切種子的運動源自「努斯」的控制，而「努斯」就是心靈、靈魂的意思。德謨克利特則說，人的靈魂也是由原子構成的。按照普羅達哥拉斯的理論，城邦裏的一個個居民也像「原子」一樣，他們彼此相關，但又彼此獨立，社會就是在居民們充分表達觀點、彼此碰撞的過程中不斷進步的。

不管普羅達哥拉斯的觀點如何受到爭議乃至攻擊，但有一點是大家都認可的：

在古代，人們真正意識到「人」的價值並不是一件容易的事。而普羅達哥拉斯雖然對各種事物都抱有懷疑姿態，但他還會去認真思考和探尋。他說過一句很著名的話。

頭腦不是一個可以填滿的容器，而是一支需要被點燃的火把。

這句話至今還激勵着一批又一批希望獨立思考的人。

好了，這一章到這裏就進入尾聲了。我們說普羅達哥拉斯關注「人」，這點很不容易。在古希臘哲學的歷史上，還有一位大哲學家也非常關注「人」，很多雅典人也把這位哲學家看作智者學派的成員。但實際上，他是智者學派的反對者——智者學派認為世界上沒有確定的知識，而他堅定地追求真理，這是他們最大的區別。

小知識 ❶

怎樣理解「人是萬物的尺度」呢

由普羅達哥拉斯提出，按照亞里士多德對該觀點的解讀，人是萬物的尺度，不僅因為人有感覺，還因為人有思維。這是其他動物所不具備的。也就是說，可以理解為：人的感覺和思維才是萬物存在或不存在的尺度。

小知識 ❷

思考的意義

普羅達哥拉斯提出：「頭腦不是一個可以填滿的容器，而是一支需要被點燃的火把。」這句話激勵了一批又一批人獨立思考。

第十章

蘇格拉底（Socrates）

你能抵擋住我的提問嗎？

蘇格拉底

BC470?~399

古希臘哲學家，被認為是西方哲學的奠基者。他沒有留下著作，只能從柏拉圖等人的記載中探索其哲學思想。蘇格拉底死於雅典的一場「民主審判」。

從泰利斯開始，到普羅達哥拉斯為止，我們已經介紹了九位哲學家，這九位哲學家，都有一個共同的稱號——「古希臘早期哲學家」。

從這一章開始，我們就要進入一個新的階段：由三位古希臘最著名的哲學家開創的時代。

這三位哲學家，被稱為「古希臘三賢」，代表了整個古希臘哲學的巔峰時期，也起到了承上啟下的作用。

他們分別是：蘇格拉底、柏拉圖和亞里士多德。

而這一章，我們就來介紹蘇格拉底。

審判蘇格拉底

首先，我想先請大家一起來到公元前三九九年古希臘雅典的一個

法庭現場。

這個法庭正在進行一場規模龐大的審判，陪審團一共有五百〇一人，他們來自雅典的各行各業，是從六千名候選者當中選出來的。那時候的雅典人相信，人民是最公正的，而這個陪審團完全能夠代表民意——在法庭辯論結束後，將由他們投票決定被告人是否有罪。審判的對象，就是我們今天要說的主角，蘇格拉底。

這一年，他已經七十歲了。

蘇格拉底站在審判席的位置上，非常顯眼。據說他長相醜陋，總是穿着破舊的衣服，有時候甚至會在冬天赤着腳，所以即使走在大街上，你也會很容易找到他的身影。

此時，法官開始宣讀蘇格拉底的罪名：

「蘇格拉底不相信城邦認可的神，引入其他新的神！蘇格拉底教壞了城邦裏的年輕人！按照控告他的罪名，他應該被處死！」

「古希臘三賢」，代表了整個古希臘哲學的巔峰時期，也起到了承上啟下的作用。

蘇格拉底看上去很鎮定，他表示自己無罪，既沒有不尊重神靈，也沒有教壞年輕人。他說：「只要我還有這口氣在，我就會繼續研究哲學。不管碰到你們中間的哪一位，我都將勸誡他，揭露他的無知，因為我知道這是神的命令。」

蘇格拉底曾說自己就像一隻**牛虻**（會在牛羊身上叮咬的蟲子），能讓雅典人對生活現狀保持清醒，但是他也很清楚，這樣會惹人討厭。

在法庭上，蘇格拉底說：

「你們可以輕而易舉地把我這隻牛虻打死，然後你們就可以安穩地過日子了，除非上天給你們再派來另一隻牛虻。」

旁聽審判的人們臉上的表情各不相同。有些人好像對蘇格拉底的話感到不以為然，甚至面露怒色；而有些人則流露出焦急的神情——他們是蘇格拉底的學生和朋友。

蘇格拉底的學生柏拉圖也坐在那兒，神情緊張，因為他覺得蘇格拉底的這番話並不能說服法官，甚至會激怒他。

陪審團開始投票了！結果顯示，二百八十一票認為蘇格拉底有罪，二百二十票認為他無罪——超過一半的陪審員認為對蘇格拉底的控告是成立的。

不過，有陪審員提出了一個變通的辦法：蘇格拉底可以通過交罰款來免於一死。

庭下蘇格拉底的朋友們聽到這裏，都鬆了一口氣，他們紛紛表示願意替蘇格拉底交罰金。

但這時候，蘇格拉底的話讓人們大吃一驚：

「我的言行一致，對國家、對社會都有利。法庭不僅不應該審判我，而且應該給我榮譽，讓我到衛城的圓頂餐廳免費吃飯。」

蘇格拉底根本不打算認罪！

「你們可以輕而易舉地把我這隻牛虻打死，然後你們就可以安穩地過日子了，除非上天給你們再派來另一隻牛虻。」

這番話徹底把陪審團惹怒了，一些起初認為蘇格拉底無罪的陪審員，都轉而認為蘇格拉底應該被處死。第二輪投票結果出來了——三百六十一票支持判處蘇格拉底死刑，只有一百四十票支持將他無罪釋放。

而蘇格拉底好像早就料到了這個結果，在離開法庭前，他說了一段意味深長的話：

「離開這裏的時候已經到了，我們各走各的路——我去死，你們繼續生活。我們中誰更幸福，只有神才知道。」

時刻提醒自己是「無知」

好，現在讓我們暫時先離開公元前三九九年那個著名的審判法庭。

想必現在你很想知道：蘇格拉底究竟是怎樣的一個人？為何雅典

人民要判他死刑？他又為甚麼堅決不肯認罪？

如果你來到公元前三九九年雅典的街頭，拉住一個路人打聽一下蘇格拉底究竟是一個怎樣的人，他多半會對你說：

「蘇格拉底這個人，古怪得很！」

如果你恰好碰到了一個熟悉蘇格拉底的人，他還會告訴你一些關於這個瘋老頭子的傳聞。

有一次，蘇格拉底和朋友一起去參加宴會。當他的朋友到達時，大家驚奇地發現同行的蘇格拉底並沒有一起到達。於是立即派人沿路尋找，結果看到蘇格拉底正呆呆地站在一戶人家的廊柱下。僕人回去報告說：「蘇格拉底站在那裏一動也不動，叫他也沒有反應。」等到宴席已經過了一半的時候，蘇格拉底才到來。原來，當他思考問題的時候，就會隨時隨地停下來，別人以為他在發呆，實際上他在頭腦中跟自己進行着激烈的思想爭論。

為甚麼蘇格拉底經常會這樣陷入思考狀態呢？他曾經說過：

「我除了知道我的無知這個事實外，一無所知。」

事實上，他的這句話並不是在說自己沒有知識，而是說人必須認識到自己對這個世界還有很多不理解、不清楚的地方，那些看上去理所當然的事情，其實很可能是錯的。

蘋果公司創始人喬布斯曾說過一句話——Stay foolish, stay hungry（意思大致為「虛心若愚，求知若饑」），他的這句話和蘇格拉底的名言所表達的意思其實是相近的。

而蘇格拉底不僅時刻提醒自己是「無知」的，他還要像一隻牛虻一樣，時刻要提醒別人，別忘記每個人都很無知。

而這就是讓他被帶到法庭上，乃至被陪審團大多數人宣判處死的一個原因。正是蘇格拉底那種無論如何也要追求真理的精神，最終讓他付出了生命的代價。

「精神助產術」就是幫助別人把「思想」生下來。

精神助產術

蘇格拉底有一套自己追求真理的方法，他把它稱為「**精神助產術**」。

為甚麼要叫這個名字呢？蘇格拉底的母親是一位助產士。助產士的工作是幫助產婦把孩子生下來，顧名思義，「精神助產術」就是幫助別人把「思想」生下來。

蘇格拉底認為，要想獲得知識，**就得對不同的想法進行發問和討論**。

他每天都會出門，跑到雅典的市區廣場上去跟陌生人交談。他的妻子對於他不想辦法賺錢這一點非常不滿，經常責罵他，有時候還會把髒水潑到蘇格拉底的身上——這麼一來，蘇格拉底就更往外跑了。

市區廣場是雅典公民聚會的地方，大家在這裏做買賣、討論政治大事，總之非常熱鬧。蘇格拉底隨便拉住一個人就會開始發問：「你覺得甚麼是正義？」、「你覺得甚麼是勇氣？」等別人回答之後，他又繼續追問或者挑出別人話裏的漏洞進行反駁，就這麼持續發問，直到對方崩潰為止。

有一次，蘇格拉底攔住一個過路人，問他：「請問，人人都説要做一個有道德的人，但道德究竟是甚麼？」

路人回答：「忠誠老實，不欺騙人。這就是公認的道德行為。」

蘇格拉底繼續問：「你説道德就是不能欺騙別人，但和敵人交戰的時候，我軍將領千方百計地去欺騙敵人，這能説不道德嗎？」

路人回答：「欺騙敵人是符合道德的，但欺騙自己人就不道德了。」

蘇格拉底又問：「和敵人作戰時，我軍被包圍了，處境困難，為了鼓舞士氣，將領就欺騙士兵援軍到了。於是，大家奮力成功突圍。這種欺騙能說是不道德嗎？」

路人回答說：「那是戰爭中無奈才這樣做的，我們日常生活中就不能這樣。」

蘇格拉底問：「我們常常會遇到這樣的問題，兒子生病了，卻又不肯吃藥，父親騙兒子說，這不是藥，而是一種好吃的東西。請問這也不道德嗎？」

路人只好承認：「這種欺騙是符合道德的。」

蘇格拉底又問：「不騙人是道德的，騙人也可以說是道德的。那就是說道德不能用騙不騙人來說明。究竟用甚麼來說明呢？還是請你告訴我吧！」

路人最終只好說：「不知道道德就不能做到道德，知道了道德就是道德。」

蘇格拉底就把這種通過不斷發問，從辯論中弄清問題的方法稱作「精神助產術」。

這種方法可以啟發人的思想，使人主動地去分析、思考問題。他用辯證的方法證明真理是具體的，**具有相對性**，在一定條件下可以向自己的反面轉化。這一認識論在歐洲思想史上具有巨大的意義。蘇格拉底想用這種方式告訴人們：雖然你們看上去非常自信，好像甚麼都知道，但實際上你們甚麼也不懂。

我們應該都能看出來，這種方法是會惹人討厭的，因為他好像總是在證明別人有多無知。尤其是那種總纏着別人發問，一直要追問到別人無話可說為止的形式。

我們在生活中遇到喜歡混淆概念、偷換話題的人，這些人的目的只是想證明對方是錯的，至於真理是甚麼他們毫不關心。但蘇格拉底不斷發問的目的是讓人們更加清楚、透徹地理解一些重要的問題。蘇格拉底知道自己的無知，他想讓其他雅典人也都認識到個人的無知，於是難免有很多人都會嫌他煩。

不僅如此，他還認為不能把城邦的政治交給無知的雅典公民來決定。

他有時候會先問一些看似無關的問題：「如果我想修鞋，要去找誰呢？」別人會毫不猶豫地回答說：「當然是去找鞋匠啊！」蘇格拉底又會問找誰來修家具、修船隻，直到被問的人稍稍有點不耐煩了，他才問道：「那麼應該找誰來修理國家這艘大船呢？」

蘇格拉底的意思是，應該找那種精通政治的人來統治國家，而不能把國家交給外行。當時的雅典城邦是由全體公民來參與政治的，但實際上絕大多數人並不太明白政治是甚麼，也不懂如何治理國家。所以當蘇格拉底一次次地向別人提出這樣的問題時，人們都覺得他是在跟雅典的政治制度過不去。

從這個角度來說，蘇格拉底確實是一隻想讓雅典人清醒起來的「牛虻」。他希望人們好好思考一些關於人生、社會的問題。

蘇格拉底說：「**未經考察的生活是不值得過的。**」

蘇格拉底就把這種通過不斷發問，從辯論中弄清問題的方法稱作「精神助產術」。

這句話的意思是說，人必須對自己的生活進行反思，要搞清楚甚麼是對的，甚麼是錯的，要明白自己為甚麼這麼說、這麼做。如果一個人沒有好好思考過自己的人生，那他只不過是在渾渾噩噩地混日子罷了，這樣的生活沒有意義。他並不像之前的哲學家那樣想探索宇宙的終極規律，他更關注人的心靈。

蘇格拉底的「精神助產術」並沒有創造新知識，他的可貴之處在於提醒人們認識到自己的無知，並且要認真思考關於生活和社會的問題。

可惜，雅典人並不理解他的用心良苦。

蘇格拉底的死

現在，讓我們再回到公元前三九九年，繼續看看那場著名的法庭審判吧。

在法庭上，蘇格拉底看上去傲慢的回答激怒了陪審團，於是，他被自認為睿智、冷靜、公正的人民陪審團判處了死刑。

要讓人知道自己無知、承認自己無知，確實是一件非常困難的事。

審判結束後，蘇格拉底被關入監獄，離執行死刑還有一個月的時間。

他還有機會活下來，因為按照雅典法律的規定，這一個月內是允許探監的，監管並不十分嚴格，而包括看守在內的不少人都很敬佩和同情蘇格拉底。他是完全有機會逃走的，他的學生們也都挺身而出，願意幫他逃走。

但蘇格拉底拒絕了，他說自己既不會認罪，也不會逃走，他並非不珍惜自己的生命，而是更珍惜自己的靈魂，更尊重雅典的法律——既然法律這麼判了，就應該服從。

蘇格拉底不斷提醒人們認識自己的無知，並且要認真思考關於生活和社會的問題。

行刑的那一天到了，守衛帶來了一杯毒酒。

一旁的學生和朋友都勸蘇格拉底晚點再喝，至少可以再享受一頓豐盛的晚餐，但蘇格拉底拒絕道：

「為吝惜生命而獲得一頓美餐的行為，在我看來應當受到鄙視，去拿酒來吧。請尊重我的要求。」

毒酒被端了上來，蘇格拉底接了過來，說：「分別的時候到了，我將死去，他們會活下來，是誰的選擇好，只有天知道。」

隨後，他一飲而盡。

不久之後，蘇格拉底平靜地死去。

蘇格拉底的死，成了西方哲學的一道分水嶺。

在蘇格拉底之前的哲學，被稱為「前蘇格拉底哲學」。在歐洲文

化史上，蘇格拉底一直被看作為追求真理而死的聖人，他的地位之高，幾乎相當於中國的孔子。

蘇格拉底的故事，單憑這一章肯定是說不完的，但至少讓我們初步了解了蘇格拉底這個人，以及他的「精神助產術」，這告訴我們一個道理：

常常提醒自己還有很多不知道的東西，一直保持有價值的思考，這是一個人對自己、對社會的必要責任。

希望我們能記得這句話，經常提醒自己，不要以為自己甚麼都知道了。

共勉之。

下一章，我們將說到蘇格拉底最有名的一位學生，在某些方面，他甚至比蘇格拉底對後世的影響還大。

小知識❶

古希臘三賢

指的是蘇格拉底、柏拉圖和亞里士多德。他們是古希臘歷史上最著名的三個哲學家，代表了整個古希臘哲學的巔峰時期，也起了承上啟下的作用。

小知識❷

精神助產術

它的本質就是一種「啟發式教育」。通過比喻、啟發等手段，用發問與回答的形式，使問題的討論從具體事例出發，逐步深入，層層駁倒錯誤意見，最後走向某種確定的知識。

第十一章

柏拉圖（Plato）

培養「哲學王」

柏拉圖

BC427~347

他堪稱整個西方文化中最偉大的哲學家和思想家之一，對整個西方的思想史影響非常大。他「文武雙全」，後來受了蘇格拉底的影響決定成為一名哲學家。

這一章，我們就要來講一下蘇格拉底最有名的學生——柏拉圖。

西方有位著名的哲學家和數學家叫懷特海（Whitehead），他曾說過一句有名的話：「西方全部的哲學史，都只是柏拉圖的註腳。」

「註腳」，就是指用來解釋和說明的文字。懷特海的意思是說，在柏拉圖之後的哲學家，只不過是在不斷努力解釋柏拉圖的哲學而已，可見柏拉圖的影響之大。

不管懷特海的這句話是否誇張，但柏拉圖確實是整個西方文化中最偉大的哲學家和思想家之一，對整個西方的思想史影響非常大。

但是，他一開始並不想學哲學。

蘇格拉底的學生

柏拉圖很幸運，出生在一個貴族家庭。

他的父親是古代雅典君主的後代，媽媽也出身名門貴族。雖然生父在他還很小的時候就過世了，但繼父讓他接受了良好的教育。

柏拉圖擅長文學創作，而且多才多藝。

柏拉圖生活的年代剛好是古希臘戲劇的鼎盛時期，所以他經常去劇院，久而久之，自己也開始嘗試創作了一些詩歌。柏拉圖是個「文武雙全」的人，他不僅是個文藝青年，還是個運動健將，有一點就足以證明：

「柏拉圖」其實並不是他的真名，他原來叫阿里斯托克勒（Aristokles），「柏拉圖」這個名字是他的體育老師給他起的外號，這個詞在希臘語中是「寬廣」的意思。據説柏拉圖有着寬寬的肩膀。

所以，柏拉圖其實是一個「肌肉男」，擅長各種運動，還是個摔跤比賽的好手。

柏拉圖的人生軌跡，在他二十一歲那年發生了一個重要轉折。

那一年，他聽了一個人的演講，然後就徹底折服於這個人的魅力了。這個人就是蘇格拉底。

聽完演講後，柏拉圖回到家裏，燒掉了自己創作的所有詩歌，斷了自己做文學家的念頭，決定從此開始學習哲學，要成為一名哲學家。從那以後，他就成了蘇格拉底的學生。

蘇格拉底被判處死刑並喝下毒酒的那一年，柏拉圖二十九歲。他目睹了整個過程，這對他打擊非常大，他是震驚於那些判決蘇格拉底死刑的人的愚蠢。

柏拉圖曾說過，在這個時代我們知道的所有人中間，蘇格拉底是最勇敢、最聰明和最正直的。

他感到雅典的政治出了問題，對這裏感到很失望，但他又不知道怎樣的政治才是好的。於是他離開雅典，到各地遊歷了十幾年。然而，他發現別的地方的政治並不比雅典好，其他地方的法律也是一團糟，他不但沒有找到自己想要的答案，還因為得罪了西西里的執政者而差點丟了性命。於是柏拉圖就得出了這樣的一個結論：

只有讓哲學家來統治城邦，或者讓掌權者成為哲學家，國家才有出路。

柏拉圖認為，一個國家的國王，應該是哲學王。

培育「哲學王」

那麼，怎樣才能培育出「哲學王」呢？

柏拉圖的老師蘇格拉底把廣場作為自己教學的場所，而柏拉圖決定更進一步——他打算建一所真正的大學！

在朋友的幫助下，柏拉圖買了一塊土地，創建了一所綜合性的學校。因為這座校園建在古希臘神話中的英雄阿卡德米神廟旁，所以他就把這所學校稱為「阿卡德米學園」。

西方第一所綜合性大學，就這樣成立了。

阿卡德米學園裏的設施非常完備，有教室、報告廳、健身房，還有一個祭拜繆斯（Muses）的神社——繆斯是希臘神話裏掌管藝術的九個女神。希臘的優秀青年們都被這個學園吸引了，他們從四面八方來到這裏學習，往往一住就是好幾年，甚至有人在這

柏拉圖創建阿卡德米學園的主要目的，就是想培育一批既懂得自然科學和哲學，又能治理國家的人才。

裏待了一輩子。

這所由柏拉圖創辦的學校一直存在了九百多年。大概相當於北宋末年一直到現在的時間跨度。由於阿卡德米學園在西方的影響實在太大，所以「阿卡德米」(Academy)這個單詞在英語中就成了「學術機構」的意思。

柏拉圖創建阿卡德米學園的主要目的，就是想培育一批既懂得自然科學和哲學，又能治理國家的人才，也就是培育他所說的「哲學王」。

為了解釋清楚自己要培育「哲學王」的意義，柏拉圖做了一個著名的比喻。

柏拉圖把這個稱為「洞穴比喻」：

如果把世界比作一個洞穴，人類就像是一群被關在這個洞穴裏的囚犯。

你可以想像一下，有一群人被關在一個黑咕隆咚的山洞裏，太陽光照不到裏面。山洞裏有一條小路可以通向外面，可是裏面的囚犯都不知道小路的存在。這些囚犯從來沒有出過山洞，他們的身體被鐵鍊鎖住了，一動也不能動，所以只能面對着洞穴的牆壁。在他們背後有一堵矮牆，牆的後面有一個火堆，有另外一些人手上舉着各種物體在矮牆和火堆之間走來走去，物體的影子投射在囚犯面前的牆壁上。那些囚犯每天只能看到這些影子，他們以為這些影子就是真實的世界。

突然有一天，一個囚犯掙脱鐵鍊子，他回過頭來，看到了矮牆和火堆。他非常吃驚，不一會兒他想明白了：原來他們一直以為的世界只是物體在火光前的影子！

於是，這個人偷偷地逃出了洞穴，他看到了太陽，看到了真實世界裏的各種事物。他這才明白，自己過去一直被束縛在洞穴中，所以被影子迷惑了。他打算讓洞穴裏的夥伴也明白真相，於是冒着危險回到了洞中，跟他的同伴説：「這裏只能看到虛幻的影子！跟我出去吧，我帶你們看看太陽和真實的世界！」

「洞穴裏只能看到虛幻的影子！出去吧，我帶你們看看太陽和真實的世界！」

可是，其他囚犯並不相信他，他們認為他只是一個討人嫌的瘋子，甚至有人叫嚷着要打死他——因為這個傢伙膽敢說他們的世界是虛假的！

看完這個比喻，有一個問題：

在這個比喻裏，逃出洞穴又返回想告訴同伴真相的人，你覺得是誰？

可以想想，講這個比喻的人是誰？他最敬佩的是誰？

沒錯，柏拉圖這個比喻裏說的這個人，正是他的老師蘇格拉底！

既然確定那個逃跑又回來勸說同伴的人是蘇格拉底，那麼這個比喻就很容易理解了：

世界上的大多數人並沒有意識到自己的無知，這時候需要

一個看穿真相又能把真相告訴大家的人出現。哲學家發現了世界的真相，但哲學家的任務不僅是探求真理，他還應該參與國家的管理，改變更多人的生活和眼界——就像逃出洞穴的那個人。他其實完全可以在五彩斑斕的大地上擁抱真實的世界，不用再回到陰暗的洞穴裏面對着那些虛幻的影子了，但他最終決定回去解救同伴，帶領他們走出愚昧而不自知的狀態。

哪怕他不被理解，被同伴唾罵、羞辱，乃至失去生命。

柏拉圖目睹了老師蘇格拉底被雅典法庭判處死刑的經過，這對他思考哲人與民眾的分歧有了更加深刻的體會。柏拉圖說：

「哲學家必須成為國王或國王必須成為哲學家，世界才會有和平。」

所以他開辦學園，要培養思想上健全的人，並鼓勵學生們

離開學校後參與到社會管理事務中去。

事實上，柏拉圖所說的「哲學王」，跟中國傳統文化中所說的「內聖外王」頗有點相似之處。

中國古人心目中理想的知識分子不僅要向「聖人」的境界靠攏，還必須承擔起一定的社會責任，推行「王道」。不過，中國古代哲人的立足點是「內聖」，意思是**提升自己的道德修養**；而在柏拉圖看來，哲學家的首要使命是**探求世界的真理**。

那麼，和之前的那些哲學家一樣，柏拉圖本人對世界的看法是怎樣的呢？

哲學家的任務不僅是探求真理，他還應該參與國家的管理，改變更多人的生活和眼界──就像逃出洞穴的那個人。

「理念」（理型）才是真實的

讓我們再回到「洞穴比喻」。

剛才我們說，比喻裏的這些囚犯是無知的，他們整天只看到影子，於是就把影子當成真實的世界，但實際上映出這些影子的物體才是真實的。

你是怎樣理解柏拉圖說的這段的？其實，柏拉圖想藉此告訴人們：我們眼前的這個世界是不真實的，我們必須尋找它背後的「理念」（亦稱「理型」）世界。我們看到的樹木、蘋果，我們談論的正義、善良，這些東西背後都有對應的「理念」——就像洞穴裏那些真實的物體，「理念」才是真實的。

「影子」有時候會消失，有時候會變形，但形成影子的那個東西並沒有變化。也就是說，**具體事物會變化，但「理念」是永**

恆的。

舉個例子：你吃掉一個蘋果，這個具體的蘋果消失了；但是「蘋果」的理念是永恆不變的。又比方說，這個世界上可能會有人誤解正義，甚至會去做不正義的事，但「正義」的理念並不會因此有所變化。

柏拉圖認為，我們所看到的這個世界是對各種「理念」的模仿，萬物都努力去實現自己對應的那個「理念」。

一棵小樹苗為甚麼會長成樹而不是別的東西？因為有「樹」的理念。為甚麼不同地方的人都知道正義？因為有「正義」的理念。我們生活中的這些具體事物只是對理念的模仿，它們是不完美的。而**理念是完美的**：工匠能造出桌子來，是因為他們頭腦中有「桌子」的理念，但現實中的桌子多少都是有點不完美的。

還記得我們在畢達哥拉斯那一章裏舉過的一個例子嗎？你能想像一個完美的圓，卻無法在現實生活中畫出一個完美的圓——用柏拉圖的話來講，就是「你頭腦中有一個關於『圓』的理念，而生活中所有的圓都是對這個理念的模仿」！

可能有人要問一個問題：

既然生活中沒有一個完美的圓，那麼我們的頭腦中為甚麼會有完美的圓的「理念」呢？

理念是人先天具有

這是個很好的問題。

假如一個人在生活中見過很多圓，譬如圓的盤子、圓的車輪、圓的糕點……這些圓都不是完美的圓，那這個人不可能通過觀察生活而形成圓的「理念」。既然理念不是在生活經驗中得到的，那會從哪裏得到呢？

柏拉圖給出了自己的解釋：**理念是人在出生之前就知道的！**

柏拉圖認為，人在出生前曾經看到過理念世界——這有一點「前世」的概念——但人在降生之後把理念世界的見聞忘得差不多了。所以，人在世上學習知識的過程，實際上是對理念的「回憶」過程。

按照柏拉圖的觀點，事物的背後都有它的理念，**理念是永恆的、完美的，理念是人先天具有的東西**。

他的這個觀點，被後人總結為「客觀唯心主義」。「客觀唯心主義」產生了巨大的影響力，影響了後世的很多哲學家。

柏拉圖是古希臘最偉大的哲學家和思想家之一，他的觀點和理念還有很多，涉及政治、經濟、教育、體育、愛情等各個方面。如果我們把這些都寫出來討論，恐怕用十章都未必能說得完他的思想。

小知識 ❶

阿卡德米學園

是柏拉圖創辦的西方第一所綜合性學校，延續了九百多年，後世的 Academy（學術機構）就是據此而來。柏拉圖希望通過阿卡德米學園來培養他心目中既懂得自然科學和哲學，又能治理國家的「哲學王」。

所以，在這一章，我們只是先初步介紹一下他的主要思想和生平，如果大家感興趣的話，可以通過相關資料的搜索，進一步了解他。

柏拉圖曾說過一句話：

哲學起源於好奇。

如果這個章節乃至這本書引起了你對古希臘哲學家和他們一些觀點的好奇，還能再進一步去查閱更多的資料和書籍，那對創作這本書的我們來說，就是最欣慰的事了。

小知識❷

洞穴比喻

柏拉圖想借這個「洞穴比喻」告訴人們，我們眼前的這個世界是不真實的，我們必須尋找它背後的「理念」（理型）世界。世界上的大多數人並沒有意識到自己的無知，這時候需要一個看穿真相、又能把真相告訴大家的人出現。

小知識 ❸

客觀唯心主義

事物的背後都有它的理念，理念是永恆的、完美的，理念是人先天具有的東西。

這個觀點被總結為「客觀唯心主義」，影響了後世很多西方哲學家。

第十二章

亞里士多德（Aristotle）

老師總是對的嗎？

亞里士多德

BC384~322

「古希臘三賢」之一，既挑戰了權威，又成為被後世打破的權威。

亞里士多德有很多理論在現在的驗證下是錯誤的，那為甚麼他的地位還是非常重要呢？因為我們看待歷史人物，要考慮到他當時所處的時代。以亞里士多德所處的時代而言，他確實

堪稱一本「百科全書」了，而後世證明他一些觀點是錯誤的這個過程，也是人類不斷提高自我認知和發現科學道理的過程。

大名鼎鼎的「古希臘三賢」，我們已經介紹了兩位。在這一章，我們將隆重推出「三賢」的最後一位——亞里士多德。

「古希臘三賢」之間的關係其實是件挺有意思的事兒：柏拉圖是蘇格拉底的學生，而亞里士多德是柏拉圖的學生。中國人有句話，叫「師道傳承」，想表達的也是如此吧。孔子曾向老子求教過，而孟子又繼承和發揚了孔子的思想。

蘇格拉底、柏拉圖和亞里士多德這三個名字，在西方思想史上赫赫有名。其中，亞里士多德更被看成古希臘學術的集大成者，也是西方科學的奠基人。

但是，更有意思的一件事是：

我們在學生時代知道「亞里士多德」這個名字，更多是因為「負面新聞」——他的理論似乎總是被後來的科學家推翻，對不對？

奠定不同基礎學科

先來舉兩個例子吧！

第一個例子學過中學物理的同學比較了解。亞里士多德認為，重的物體下落的速度更快，如果一個物體的重量是另一個的兩倍，那麼它的下落速度也是另一個的兩倍。

而後來的著名科學家伽利略說：「不對！」然後他通過著名的「比薩斜塔實驗」證明這個說法是錯誤的——伽利略在斜塔上同時放開一輕一重兩個鐵球，結果它們同時落地了。我們之所以會發現一些輕的物體（譬如羽毛）下落得比較慢，那是因為它們受到的空氣阻力比較大。

當然，現在也有說法說伽利略可能沒有做過這個實驗，但亞里士多德的這個理論是錯誤的，這是沒有爭議的。

第二個例子是亞里士多德說，任何運動着的事物都必然有推動者。而後來的著名科學大神牛頓說：不對！他歸納總結的「力學第一定律」告訴我們，力不是物體運動的原因，而是物體運動狀態改變的原因。那麼為甚麼在現實生活中一個運動着的小球會漸漸停下來呢？我們現在知道，因為小球受到了地面的摩擦力，所以改變了運動狀態。

這個亞里士多德在我們的物理書中的形象似乎不太好啊，有點像是「大反派」。

那麼問題又來了：為甚麼我們還要了解他的學說，甚至把他看作西方科學的奠基人呢？

那我先問你們一個問題：

「世界紀錄」存在的意義是甚麼？

你可以說，是為了記錄創造這個紀錄的人有多偉大，希望大家能

記住這個紀錄。

這麼說當然沒錯。但如果換個角度說，你覺得能接受嗎？譬如——世界紀錄存在的意義，就是被打破。

如果你能理解這層含義，那麼你就更能領會「權威」存在的意義是甚麼了。

沒錯，「權威」存在的意義，就是被推翻。

這話好像聽起來有點玄乎？但事實就是這樣。亞里士多德曾經反對自己老師柏拉圖的權威，後來他自己又成為權威，經過時間的推移，最終他的很多觀點和結論又被後人否定。

但你千萬別小看這一點，人類對世界和自身的認識就是在這樣的過程中不斷更新和進步的。

雖然亞里士多德的不少觀點已經過時或被推翻，但他當時在很多

「權威」存在的意義，
就是被推翻。

領域都提出了系統性的學說，他奠定的基礎學科包括物理學、生物學、天文學、心理學、邏輯學、政治學等。從這個角度上說，亞里士多德堪稱他所處的那個時代「活的百科全書」。

而這也正是我們現在依舊會記得他，並且要了解他的意義。

吾愛吾師，吾更愛真理

亞里士多德對學問的興趣，還得從他的家庭說起。

亞里士多德出生在古希臘色雷斯地區一個叫作斯塔吉拉的小地方。這個地方離雅典非常遠，他的父親是馬其頓國王的御醫，在當時也算是一位科學家。亞里士多德受到父親的影響，對醫學和生物學很感興趣。到了十七歲的時候，亞里士多德打算去雅典這座充滿智慧的城市學習。

去雅典學甚麼呢？當時人們做重大決定的時候，都要問問神諭，聽聽上天的安排。占卜師曾跟亞里士多德說，他應該去雅典學哲學。既然要去學哲學，那就要跟隨那個時代最偉大的哲學家學習。

他是誰呢？就是柏拉圖。

於是，亞里士多德就來到了我們之前說過的阿卡德米學園，他這一待就是整整二十年。

柏拉圖很喜歡這個學生，他甚至給了亞里士多德一個極為尊崇的稱號：「學園之靈」。但是隨着學習的不斷深入，亞里士多德漸漸不滿足於柏拉圖的學說了，他開始跟老師爭論一些觀點。柏拉圖傷心地說：「亞里士多德反對我，就像那些喝飽了奶的小馬駒用蹄子踢自己的母親一樣。」

但亞里士多德說了一句非常有名的話，不知道你們聽過沒有——**吾愛吾師，吾更愛真理！**

這句話意思是說：我雖然很尊敬我的老師，但如果老師的看法不合乎真理，那麼我一定會提出反對意見。

其實在中國，也有一句類似的話。沒錯，就是孔子所說的那句「當仁，不讓於師」。意思就是「要把『仁』擔當起來，即使面對老師，也毋須謙讓」。

這是因為，如果每個學生都只認同老師的觀點，沒有自己獨立的思考，也不敢質疑權威，那人類的發展就會停滯不前了。

還記得我們在上一章說的柏拉圖的一個重要觀點嗎？柏拉圖認為那個具體的經驗世界是不真實的，人們感知到的具體事物只是對「理念」的模仿。所以，柏拉圖跟大家說，不要被眼前的事物迷惑了，要不然你就會像「洞穴比喻」裏那些盯着物體影子出神的人一樣被騙了。

但亞里士多德從小接觸的是五彩繽紛的大自然，他在觀察

日月星辰、研究植物動物的過程中，感受到了無限的樂趣，所以他非常注重經驗世界的意義。他認為，沒有必要把可感知的事物和它的理念分開。比方說，「綠色」必須在綠樹葉、綠羽毛這些具體的事物中體現出來，世界上並不存在完全獨立於具體事物的「綠色」。

你們看，亞里士多德對於世界的看法從起點上就跟老師柏拉圖不一樣了。他就是一個從言語到行動都敢於挑戰權威的人啊！

就像我們前面說到過的那樣，亞里士多德敢於反對權威，他自己後來又成為多個領域的權威。後來的學者又推翻他的一些錯誤觀點，從而推動了各個學科乃至人類文明的進步。

還要指出的一點是：不要以為推翻權威只是擺一個姿態，而是必須像亞里士多德那樣，靠扎實的成就和端正的求學態度來證明自己。

那麼，亞里士多德到底是怎麼質疑自己的老師柏拉圖的呢？

形而上學

舉個例子，如果我現在跟你説「魚」這個詞，你腦子裏會出現怎樣的形象呢？可能是池塘裏的錦鯉，可能是菜市場裏賣的鯽魚，抑或其他的魚。那麼你能想像出完全獨立於具體事物的「魚」嗎？它既不是這種魚，也不是那種魚，就只能是一個概念上的「魚」。這是不是很難呢？

這就是亞里士多德的觀點：**具體的事物跟它的理念是沒法完全分開的**。

這樣一來，亞里士多德對於人認識世界的看法就跟柏拉圖完全相反了。柏拉圖認為，人在出生前就看到過「理念世界」，人的學習過程其實是對理念世界的回憶。而亞里士多德認為，**所謂的「理念」只不過是人們在現實生活中感知了具體事物後產生的「概念」**。也就是説，人在看到很多不同的具體的魚之後，才產生了抽象的「魚」的概念。

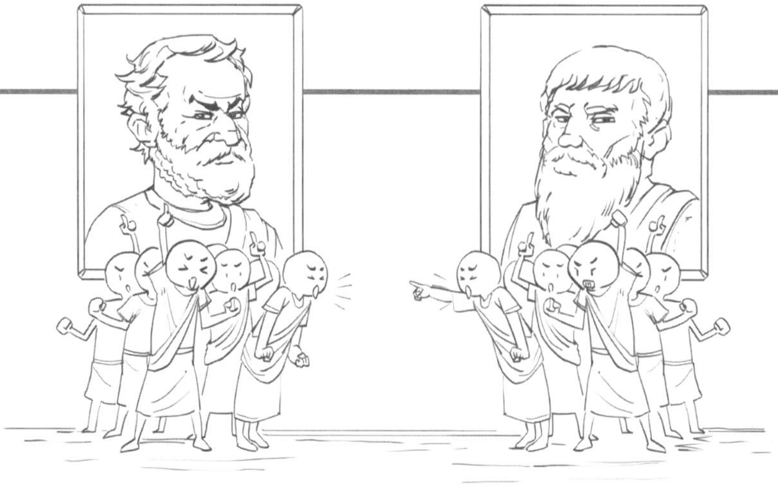

這是兩個截然相反的概念。

大家可別小看柏拉圖和亞里士多德的這種分歧。在歐洲文藝復興之後，以笛卡兒為代表的「唯理論派」（理性主義）和以培根為代表的「經驗論派」（經驗主義）對這個話題爭論了一百多年！這些哲學家試圖從不同的角度來回答：我們人類的知識，到底來自先天的觀念，還是後天的經驗世界？而「唯理論」和「經驗論」的源頭，正是柏拉圖和亞里士多德。

亞里士多德與自己老師的爭論一直持續到柏拉圖逝世。在此之後不久，亞里士多德離開了阿卡德米學園，在馬其頓國王的邀請下，去給年輕的王子當了八年老師。他的這位王子學生，就是後來大名鼎鼎的、統一了希臘、佔領了埃及、征服了波斯的亞歷山大大帝。

亞歷山大繼承了王位後，亞里士多德重返雅典，他在城東一個叫呂克昂的體育場開辦了自己的學園，與城西北角的阿卡德米學園隔城相望。學園裏有許多林蔭路、廊柱和噴泉，亞里士多德喜歡

小知識 ❶

吾愛吾師，但吾更愛真理

老師當然是要尊敬的，但如果老師有些道理講得不對，也應該提出自己的想法，和他討論。中國的孔子也說過類似的話，叫「當仁不讓師」。

一邊散步一邊跟學生們討論問題。這種上課的方式是不是很瀟灑很讓人羨慕呢！後來人們把亞里士多德開創的這個學派叫作逍遙學派。

在當時，哲學還是一門包羅萬象的學問，幾乎囊括所有學科。亞里士多德上午可能會給學生講解生物學或是物理學之類的技術性學科，下午可能會進行一場關於修辭學或者政治學的講座。

而我們現在所說的「哲學」，也就是思考人生和世界的學問，也終於有了自己的名字。

亞里士多德的弟子們在整理他的著作時，將一些既不屬物理學，又不屬政治學，更不屬文學藝術的內容稱為metaphysic。這個單詞是由表示「在……之後」的 meta-前綴，和表示「物理」的 physic 合起來構成的，意思是「物理學之後」，後來這個詞被中國學者翻譯成「**形而上學**」。我們前面提到亞里士多德關於知識起源的看法就屬

形而上學。

亞里士多德的形而上學包括很多方面，其中有一個非常重要的話題：人生的意義是甚麼？人生最高的幸福是甚麼？

亞里士多德認為，每個有機體都有自己的潛能，就是朝着某個方向不斷發展的可能性。譬如說，一顆種子，就有發芽、開花、結果的可能性。整個宇宙和宇宙中的事物都在朝着更美好的方向發展，亞里士多德把這叫作「**善**」。對於這顆種子來說，最高的善就是去實現發芽、開花、結果的可能性。他曾用「一塊大理石是一座潛在的雕像」來說明，大理石有被打磨成雕像的可能性，實現這個可能性就是善。

人亦是如此。一個人如果可以通過行動把自己美好的可能性實現出來，就是幸福。譬如你自己動手種了一株花苗，經過辛勤培育，看到它開出了美麗的花朵，這是幸福；你每天練習彈鋼琴，終於有一天從你指尖流淌出了美妙的音樂，這也是幸福。那麼，甚麼是最高的幸福呢？亞里士多德認為，對於人來說，思辨的生

小知識 ❷

亞里士多德的學生

著名的亞歷山大大帝就是亞里士多德的學生，他統一了希臘全境，征服了埃及，滅亡了波斯帝國，是西方古代一位著名的征服者。亞里士多德對亞歷山大有多大的影響，後世一直有爭論，不過可以肯定的是師生兩人關係很好。亞歷山大在東征的途中，還不斷派人送動植物標本給老師亞里士多德研究。

活是最幸福的生活。

譬如，如果你在看這本書的時候，明白了道理，學會了思考，按照亞里士多德的觀點，你就能體會到他所說的最幸福的生活了。

亞里士多德的一生就是在不斷追求人生的幸福。他為各種各樣的學科着迷，他熱愛思考，想發現關於人生和世界的真理。儘管受到時代的局限性，他的一些觀點和理論在後來被證明是錯誤的，但依舊不影響他的偉大。他也無愧於後世給他的稱號：和蘇格拉底、柏拉圖並稱為「古希臘三賢」。

最後，送上亞里士多德説過的一句話：「教育在人富有的時候是裝飾品，在人貧困的時候是避難所。」

讓我們繼續在哲學的海洋中遨遊，了解更多有用的知識吧！

小知識 3

形而上學

形而上學指對世界本質的研究，即研究一切存在者、一切現象（尤其指抽象概念）的原因及本源。最早由亞里士多德所構建，稱其為「第一哲學」、「第一科學」。英文為 metaphysic，意思是「在物理學之後」，亞里士多德的弟子用這個名稱來稱呼亞里士多德作品中那些既不屬物理學，也不屬文學藝術，更不屬政治學的內容。

小知識 4

亞里士多德定義的「幸福」

亞里士多德認為，每個有機體都有自己的潛能，就是朝着某個方向不斷發展的可能性。整個宇宙和宇宙中的事物都在朝着更美好的方向發展，亞里士多德把這叫作「善」。他認為，幸福在於一個人通過行動把自己美好的可能性實現出來，而思辨的生活就是最幸福的。

第十三章

第歐根尼（Diogenes）

不要擋住我的陽光

第歐根尼

BC412?~324?

他出生在一個富有家庭，但遭遇變故後顛沛流離，甚至被賣作奴隸，這也促使他變得憤世嫉俗，不屑於追求世俗的事物。但第歐根尼的態度認真，他言行一致，用畢生的精力去探索真善美，這也讓他成了「犬儒主義」的代表人物。

上一章，我們聊完了「古希臘三賢」的最後一位哲學家亞里士多德。

我們曾提到，他有一位鼎鼎大名的學生，還記得他是誰嗎？沒錯，他就是馬其頓國王腓力二世的兒子亞歷山大大帝。亞歷山大大帝用十三年的時間裏統一了希臘，征服了埃及，佔領了波斯，甚至帶領大軍進入了印度。雖然亞歷山大不是哲學家，但他的東征給古希臘哲學乃至古希臘文化帶來了很大的影響——因為他的帝國橫跨亞非歐三大洲，所以他把古希臘文化帶到了東方。

然而，雖然古希臘文化得到了進一步的傳播，但古希臘哲學則由鼎盛走向了衰落。

在這衰落的時代裏，我們要介紹這一章的哲學家——第歐根尼。

拋開物質慾望

先來說說，古希臘哲學為甚麼會走向衰落。

要回答這個問題，得先回憶一件事，你們還記得古希臘哲學的誕生跟甚麼有關嗎？

沒錯，城邦！希臘城邦的民主氛圍讓人們可以自由地交流思想，一些貴族和商人又有足夠的閒暇來探索未知的領域。

但是這一切在蘇格拉底被判處死刑的時候已經悄悄發生了變化。到了蘇格拉底的徒孫亞里士多德的時代，他的死其實也跟政治有關。亞歷山大大帝死後，亞里士多德被那些反對馬其頓的雅典人攻擊，他不得不逃離雅典，不到一年，就在顛沛流離的生活中去世了——哲學家竟然成了「高危職業」。另一方面，由於希臘各地不斷發生戰亂，原先的社會秩序也遭到破壞。

當柏拉圖想培養「哲學王」來改變這個世界的時候，另一些人卻開始變得悲觀，他們覺得這個社會糟糕透了，他們不再樂觀，不再相信這個世界會愈變愈好。

第歐根尼就是其中之一。

第歐根尼雖然跟柏拉圖是同時代的人，而且比亞里士多德還年長一點，但是在他身上我們能看到城邦衰落對哲學的影響，所以把他放在亞里士多德之後來寫。

第歐根尼是錫諾普人，這個地方是黑海的一個重要港口。他的父親是當地一位響噹噹的銀行家，但因為塗改貨幣的罪名被關進了監獄，第歐根尼也因此被趕出了家鄉。家族的名聲和財富就這麼化為泡影，但是第歐根尼的苦難還遠遠沒有結束。

在開往埃伊納島的航船上，他被海盜抓走賣到了克里特島。一個原本衣食無憂的公子哥兒，現在成了沒有人身自由的奴隸。命運跟他開了個大大的玩笑，但如果沒有這樣的遭遇，第歐根尼大概

「一隻獅子永遠都不會是那些餵養牠的人的奴隸。」

也不會形成他那獨特的哲學思想。所以中國的孟子有這樣一句話：「天將降大任於斯人也，必先苦其心志，勞其筋骨，餓其體膚，空乏其身，行拂亂其所為。」（《孟子．告子下》）想表達的意思是，一個人要成就一番事業，往往要遭受一些苦難，某些時候，遭受一些苦難甚至是成就大事的一個前提。

第歐根尼成為奴隸以後，就被送到了奴隸拍賣場拍賣。他看到人群中有一個衣冠楚楚的買家，立刻大聲說道：「快把我賣給那個男人，因為他需要一個主人！」於是這個買主把第歐根尼帶回家，發現他很有管理能力，就讓他做了管家。第歐根尼的朋友想用贖金把他贖回來，卻被他拒絕了，他說：「我親愛的朋友，你要知道，一隻獅子永遠都不會是那些餵養牠的人的奴隸。」

第歐根尼後來還是獲得自由了，但他那顛沛流離的經歷讓他開始重新考慮自己想要怎樣的生活。財富和地位能讓人快樂嗎？不，這些東西是不可靠的。他在仔細觀察了一隻老鼠之後，宣佈自己終於找到了「嚮往的生活」。這個小傢伙餓了就吃，睏了就睡，

牠不需要太多的東西，它能夠適應自己所在的任何環境。

第歐根尼認為，只要拋開了物質慾望，人就不會被它束縛，這樣就徹底自由了！

瘋了的蘇格拉底

於是，第歐根尼決定過一種放浪形骸的生活。

他到處流浪，有段時間甚至一直住在一個用來埋葬死人的那種大甕裏，他身邊只帶着一件斗篷和一個裝食物的小包。

他的模樣就像一個乞丐，但人們很快看出來他不是一個普通人。第歐根尼時常用自己的奇怪舉動來表達自己對社會的批評。他有時候會在白天提着一盞燈到處走動，他說：「我在尋找一個誠實的人。」其實他想表達的意思就是，現在的人們越來越偽善，誠實的人真是打着燈籠都找不到了。

第歐根尼有意逃避世俗生活的一切，無論是宗教風俗、衣食住行，還是社交禮儀，他全都不放在心上。他還經常表現出對權威的藐視。有一次，柏拉圖在講座中把「人」定義為「沒有羽毛、長着兩條腿的動物」。第歐根尼聽說了之後，提着一隻拔光羽毛的雞來到演講廳，他當着眾人的面說：「柏拉圖，這就是你所說的『人』。」後來，柏拉圖不得不重新思考這個問題，然後把「人」的定義改成了「沒有羽毛、長着兩條腿的直立動物」。

雖然第歐根尼總是讓柏拉圖難堪，但柏拉圖倒好像很理解他。有人曾問柏拉圖如何看待第歐根尼，柏拉圖說：「他是瘋了的蘇格拉底。」柏拉圖這話算是說對了一半。

第歐根尼跟蘇格拉底一樣，生活極其簡樸，並且敢於挑戰世俗社會。而且，他們都毫不介意來自他人的嘲笑與攻擊。第歐根尼曾說：「蠢驢也會嘲笑那些人，就像他們不會介意蠢驢的嘲笑一樣，我也不介意他們衝着我亂叫。」

但兩個人也有不同的地方：蘇格拉底終究對社會還抱有希望，他

始終想追求真理；而第歐根尼對社會是絕望的，所以他選擇了逃避。

那麼問題來了，第歐根尼對社會不抱希望，且選擇逃避，但後來大家為甚麼還是尊敬他呢？他為甚麼還能在古希臘哲學史上佔據一席之地呢？

犬儒主義

我們來說一個第歐根尼最有名的故事，那是他和亞歷山大的一段對話——沒錯，就是亞里士多德的那個著名學生：亞歷山大大帝。

那個時候第歐根尼因為特立獨行的舉動已經聲名鵲起。亞歷山大對這個人很感興趣，於是他來到科林斯的時候，特地拜訪了第歐根尼。當時第歐根尼正在曬太陽，亞歷山大看到第歐根尼就走上前客氣地說道：「您好！我是亞歷山大。」

第歐根尼並沒有起身，他回答道：「我是第歐根尼。」

亞歷山大問道：「我能為您做些甚麼嗎？」

第歐根尼回答說：「有的，請你不要擋住我的陽光。」

在第歐根尼眼裏，像亞歷山大那樣的權威也不足以令他害怕或者羨慕。他所熱愛的「陽光」具有豐富的隱喻意味。我們可以結合他的生平和言行來理解這句話的意思。在他看來，人應該以一種最天然的方式來生活，財富、地位、名譽這些社會附加值對他來說都沒有意義。他關心自己心靈的自由和快樂。在那個時代，是擁有一切的亞歷山大自由，還是不需要一切的第歐根尼自由呢？這未必是一個很容易回答的問題，因為就連亞歷山大也感歎過：「假如我不是亞歷山大，我一定要做第歐根尼。」

第歐根尼後來被認為是一個著名流派的代表人物，這個流派叫「**犬儒主義**」。

「犬儒」的創始人叫安提斯泰尼，他一直在一座叫「快犬」的體育場裏講學，所以「犬儒」也因此得名。第歐根尼是安提斯泰尼的學生，但他後來的名氣遠大於老師，所以也就成了「犬儒主義」的代表人物。

「犬儒」這個名稱其實挺形象的——在衣冠楚楚的人面前，「犬儒」們過着像狗一樣的生活。但是他們認為**只有拋棄物質享受和感官快樂才能找到真正的自由和快樂**，或者說，能找到真正的「善」。大家想想第歐根尼以往的遭遇就能理解了：被當成奴隸隨意拍賣，還是像狗一樣生活？哪個更沒有尊嚴呢？

其實在中國古代，每當社會動盪混亂的時候，也會出現奉行「犬儒」的人。他們看不慣人們的虛偽，認為金錢會讓人墮落，於是有的人跑到山林裏去過一種簡樸的生活，有的裝瘋賣傻、故意做一些奇怪的舉動來表達不滿……他們跟「犬儒」的共同特點是逃避人群而不是改變社會。

如果你了解中國的歷史，應該能說出幾個這樣的人物吧？譬如魏晉時期的「竹林七賢」，像嵇康、阮籍這些人，他們想用放蕩不羈的生活方式來表達對高壓政治的控訴，體現強烈的自我意識和獨立人格。不同的是，嵇康、阮籍這些人，都有一定的社會地位，也沒有像第歐根尼那樣，過一種像流浪漢一樣的生活。他們內心的痛苦和第歐根尼還不完全一樣。

所以我們應該可以看出第歐根尼的獨特之處了，他是一個一輩子都在踐行自己哲學思想的人。第歐根尼年老之後，有人對他說：「你已經老了，需要休息一下。」他回答說：「你說甚麼？如果我在運動場上賽跑，你會在我快到終點時叫我慢下來嗎？」

儘管第歐根尼的有些想法不被社會接受，但他畢竟是言行一致的，所以希臘人都很尊敬他。他活到九十歲，在科林斯島上去世了。人們給第歐根尼塑了一座銅像，上面寫着：「時間甚至會使青銅老去，但你的榮耀，第歐根尼，永遠無法摧毀。」

也許大多數人不會像第歐根尼那樣生活，可能也不一定認同他的學說，但這並不妨礙人們認為他是一個值得尊敬的人。中國的孔子也說過，評價一個人不僅要「聽其言」，還要「觀其行」。一個人只是想表達一種姿態，還是確實樹立了一種真誠的價值觀，要通過觀察他的長期行為來判斷。

第歐根尼代表了「犬儒主義」的全面確立，在那時候，犬儒主義者鄙棄世俗的富貴與規範，因而被人們看作是一群「憤世嫉俗者」。但是，後來「犬儒主義者」的名號被濫用了。後來的一些犬儒主義者，曲解了（或許是故意的）先輩們的意思。

他們認為，既然沒有甚麼是高尚的，也就沒有甚麼是卑賤的，他們對甚麼都滿不在乎，以至於把對自由、美德的追求也拋棄了。

晚期犬儒派裏就有個叫德勒斯的人，他覺得沒有任何東西是重要的，即使自己妻子或兒子死了都沒關係。德勒斯還曾經若無其事地收了一位富翁給他的一大筆錢。在他看來，金錢是不重要的東西，所以收了別人的錢完全不需要表示感謝；如果感謝，倒顯得把金錢看得太重要了。

這句話聽上去似乎有點道理，其實並不是這樣。

金錢是很重要的東西，並非不重要，只是像第歐根尼這樣的早期犬儒人物，他們認為有比金錢更重要的東西值得去追求，他們**認真嚴肅地去追求真善美，不屑的只是那些虛偽和偽善**。但德勒斯這類人並非如此，他們認為所有的一切都是虛假的，道德和原則是不存在的。如果這樣，他收取金錢的這種理由就更像是一個藉口了。中國人有句話叫「無功不受祿」，德勒斯是典型的「無功受祿」，換正常人心裏是會不安的。退一步說，你收了就收了，但一定要說這樣的話來顯示自己其實是高尚的，那就近乎狡辯了。

所以，犬儒主義到了晚期，已經有了「玩世不恭」的味道。即使到了我們現在這個時代，也有一些人自稱「犬儒」，但他們實際上只是喜歡對社會上的各種現象冷嘲熱諷。一旦面對大是大非或牽涉自己利益的問題，他們就舉起「犬儒」的招牌來置身事外，完全拋棄了原則和基本的道德。

小知識 ❶

古希臘哲學的大致三個階段

一般來說，我們把蘇格拉底、柏拉圖和亞里士多德這「古希臘三賢」的時期稱為「古希臘哲學的鼎盛時期」。在他們之前，稱為「古希臘哲學的早期」；他們之後被稱為「古希臘哲學的晚期」。

譬如，當他們看到有人欺負弱小，他就會說：「強大的和弱小的都不是好人，可憐之人必有可恨之處，所以我一個也不幫。」可一旦有人欺負到他身上，他又會憤憤不平、鳴冤叫屈，埋怨別人為甚麼不來幫助他了。

第歐根尼如果知道「犬儒主義」已經變成了這副模樣，大概會氣得用拔光毛的雞來砸他們的頭吧！

小知識 ❷

犬儒主義

「犬儒主義」因在名為「快犬」體育場裏的講學而得名。犬儒主義主張以追求普遍的善為人生的目的，為此必須拋棄一切物質享受和感官快樂。早期的犬儒主義者雖然憤世嫉俗，但他們追尋善的態度是認真嚴肅的，但到了晚期，信奉者們已經失去了追尋善的那種態度，變得玩世不恭。而至於現代的有些人，更是只把「犬儒」當作藉口了。

第十四章

伊壁鳩魯（Epicurus）

甚麼是真正的快樂？

BC341~270

伊壁鳩魯

古希臘哲學家，無神論者，伊壁鳩魯學派創始人。其學說的主要宗旨是達到不受干擾的平靜狀態，學會快樂。

一轉眼，已經到第十四章了。

不知道之前哪位哲學家，以及他們的哪些觀點，給你留下了深刻印象？

其實如果按照歷史階段分的話，我們的哲學家的故事，已經進入「希臘化時期」了。

甚麼是「希臘化時期」？

我們之前提到過，亞歷山大大帝的馬其頓王國崛起之後，古希臘原有的城邦政治和社會秩序都受到了衝擊，連續不斷的戰爭打破了人們平靜的生活，道德敗壞的情況也讓很多人感到悲觀；另一方面，古希臘文化與其他文化之間的交流也變多了，與柏拉圖、亞里士多德同時代的第歐根尼是哲學轉折時期的代表人物，他以憤世嫉俗的形象出現在世人面前。

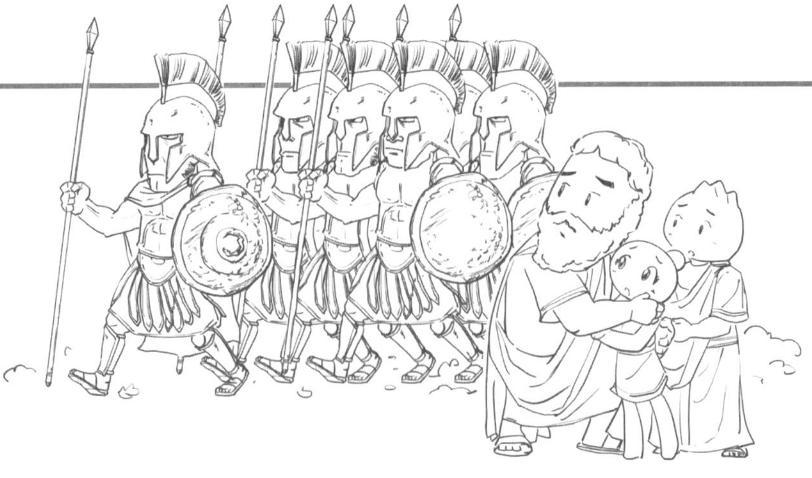

這也就意味着，很多哲學家不再關心宇宙和世界的規律，也不再追問國家的前途，而是想搞清楚關於心靈的問題——一個人在動盪、混亂的社會中，怎樣才能找到真正的幸福呢？

這個時候，就出現了兩個影響很大的學派，一個叫伊壁鳩魯學派，一個叫斯多葛學派，兩派人的觀點針鋒相對，各自都有不少支持者。

這一章，我們就先來說說伊壁鳩魯學派的創始人，伊壁鳩魯。

快樂是幸福生活的本源和目的

先來說說「幸福指數」這個詞。

也許你在媒體上經常會看到「幸福指數」這個詞：人們會列出許多影響幸福感的因素，譬如受教育程度、收入高低、生活便捷程

人在動盪、混亂的社會中，怎樣才能找到真正的幸福呢？

度和人際關係情況等。

那麼幸福是可以像數學公式那樣被計算出來的嗎？人怎樣才算是幸福的呢？

早在兩千多年前，我們的伊壁鳩魯先生就在思考這個問題了。

他認為：「**快樂是幸福生活的本源和目的。**」

你可別以為這句話很容易理解，實際上這個觀點使伊壁鳩魯被人誤解了好多年，甚至遭受了人身攻擊。

伊壁鳩魯出生在希臘的海外殖民地薩摩斯島，他的父母都是雅典人，父親是教師，母親是一名巫師，一家人過着普通人的生活。伊壁鳩魯在十八歲時回到雅典，後來又因為雅典人被馬其頓人趕出薩摩斯島而隨家人一起去了小亞細亞地區。三十多歲的時候，他又回到雅典，購買了一個花園，建立了自己的學校。伊壁鳩魯的學說吸引了很多人，他的追隨者中有很多是社會底層人士，甚至還有奴隸和妓女，伊壁鳩魯跟這些人都保持着良好的友誼。

他的反對者就抓住這點大做文章。他們宣稱伊壁鳩魯過着花天酒地的生活，並跟風月場所的女性來往密切。西塞羅認為，伊壁鳩魯的學說就是倡導縱慾，而另一位哲學家塞涅卡則在他的著作中說伊壁鳩魯派的人追求的是一種「類似麻木狀態的寧靜」，還說他們「在花園裏甚麼事都不做，只是吃喝」。後來的法國哲學家孟德斯鳩在《羅馬衰落原因論》這本書裏寫道，伊壁鳩魯的哲學毒害了古希臘和古羅馬這兩個偉大的文明——這個罪名可不小啊！以至於很多人以為伊壁鳩魯的學說就是只關心吃喝拉撒睡的「豬玀哲學」。

事實上，伊壁鳩魯的團體過着非常簡樸的生活。他們的飲食主要是水和麵包，伊壁鳩魯對此感到很滿意。據說伊壁鳩魯偶爾才能喝得上一點葡萄酒，在生活比較貧困的時候，他甚至只能靠吃豆角來填飽肚子。一來他確實沒有甚麼錢，二來他也不是很關注生活上的享受。在他的弟子們眼中，伊壁鳩魯是個知足常樂的人。

後來，還是德國哲學家黑格爾說了幾句公道話：「如果一個人只是一個沒有思想的、放蕩的人，只是毫無理智地沉溺在享樂之中、過着放縱的生活，絕不可以說他是一個伊壁鳩魯的信徒。」

也就是說，那些批評伊壁鳩魯的人對他的學說斷章取義了。

那麼，伊壁鳩魯真正的觀點到底是甚麼呢？

快樂主義

伊壁鳩魯追尋快樂，但他很講究快樂的來源。

伊壁鳩魯雖然並不像第歐根尼那樣排斥感官的快樂，但他強調快樂不只局限於肉體感受到的快樂——**真正的快樂是精神方面的細膩感受，這來自內心的平靜與安寧**。

伊壁鳩魯認為，精神上的喜悅能給人帶來更加持久的快樂。人不

精神上的喜悅能給人帶來更加持久的快樂。

能不吃飯，但是吃一頓美食的快樂畢竟是短暫的，而看一本好書、聽一場美妙的音樂會、跟朋友交談或是研究哲學，這些事情能帶給人們精神上的長久快樂。在看到這段話的時候，不知道你們是否想到一些類似的體驗？甚麼事能令你感到精神愉悦以至於忘記了時間的流逝，並且暫時忘記了煩惱呢？

但是內心的煩惱仍舊會回來，這樣還不能算是獲得真正的幸福。伊壁鳩魯説：「**快樂是指身體無痛苦和靈魂的無紛擾**。」我們的身心都應該處在一種平衡的狀態，避免劇烈的波動對人的影響。身體上的平衡要靠有規律的生活來獲得，精神上的平衡要靠理智來獲得。伊壁鳩魯認為，要讓身體沒有痛苦是件很難的事情，但我們可以控制自己的精神，趕走心靈的困擾。

這句話説起來非常簡單，但做起來其實是非常難的。

宋代詞人蘇軾的《水調歌頭》説過：「人有悲歡離合，月有陰晴圓缺，此事古難全。」

「人有悲歡離合」可能還有些主觀因素，但「月有陰晴圓缺」這種事情，其實是純粹的客觀自然現象，是不能避免的。伊壁鳩魯想做的，是想把後者從人類的恐懼中驅逐出去。

譬如古希臘人認為，自然災害是神靈降下的；於是，人們惶惶不可終日，生怕不小心惹怒了天神。伊壁鳩魯是怎麼勸說人們摒棄這種不必要的恐懼呢？他說，人們不了解自然的本質，所以才會相信詩人編造的神話故事。伊壁鳩魯宣稱：天神確實存在，但他們與世間的種種福禍無關。

伊壁鳩魯推導了一個邏輯關係，來驗證這個問題：

如果神不知道世界上有壞人，那他就不是全知的；如果神知道世界上有壞人，但又無法除掉壞人，那他就不是全能的；如果神知道世界上有壞人，但又不願意除掉壞人，那他就不是全善的。但全知、全能、全善的才能稱得上是「神」。這足以證明神根本不想摻和人類的事情，那些天災、厄運也不是神靈降下的。既然如此，那又有甚麼好害怕的呢？

人無論如何都感受不到死亡，
那也就不必因此恐懼了。

又比如，大多數凡人都害怕死亡。而伊壁鳩魯說，人們恐懼死亡是因為對死亡的無知，不知道死後的世界是怎樣的。他認為，人是通過感覺來認識這個世界的——人活着的時候，死亡不存在，所以感覺不到死亡；人死了之後，已經沒有感覺了，所以自然也感覺不到死亡。因此，他得出了這樣一個結論：

人無論如何都感受不到死亡，那也就不必因此恐懼了。

你看，伊壁鳩魯其實是通過一些邏輯推斷，很巧妙地把那些令人傷腦筋的問題都化解了。

有人把伊壁鳩魯的快樂主義學說概括為：「**神不足懼，死不足憂，禍苦易忍，福樂易求。**」

意思是說，神靈和死亡都沒甚麼好害怕的，如果一個人不再感到痛苦，那麼他就獲得了最大的幸福。伊壁鳩魯是這樣想，也是這樣做的。他在遺書裏這樣描述自己人生的最後時光：「尿頻和胃病的疼痛發展到了無以復加的程度。但通過回憶我們進行過的熱

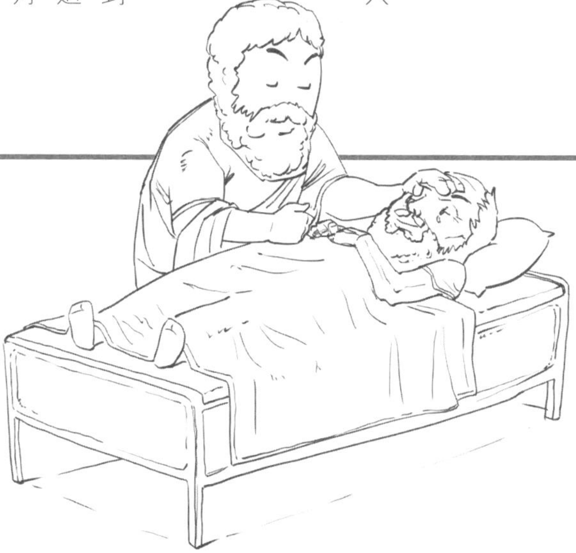

烈的哲學討論，我戰勝了所有的痛苦。我的靈魂感到喜悅。」

伊壁鳩魯說過一句很有詩意的話：「自由，是自我滿足帶來的最美麗的果實。」

這句話怎麼理解呢？或許可以理解為：當人尋找到了心靈的快樂，他就獲得了精神上的自由，這樣一來，任何具體的困難或痛苦就不能干擾到他的幸福感了。

現在你能明白，為甚麼在那樣一個混亂年代伊壁鳩魯會有許多追隨者了嗎？

不僅是追求自己心靈的自由

那麼，我們作為當代人該如何理解伊壁鳩魯的學說呢？

我想講一個或許你曾經聽過的故事：

有一位遊客在海邊渡假，遇到一個正在海灘上曬太陽的漁夫。遊客很疑惑地問：「天色還這麼早，你怎麼不去捕魚呢？」漁夫回答道：「我今天已經捕過魚了，那些已經足夠我生活了。」遊客說：「你可以捕更多的魚，然後攢一筆錢買一艘漁船，這樣你會賺到更多的錢，接下來你可以開個捕撈公司，甚至投資水產加工廠……不久你就能成為富翁啦！」漁夫淡淡地問道：「成為富翁之後呢？」遊客說：「這樣你就可以像我一樣到海邊渡假，悠閒地曬着太陽享受生活了！」漁夫哈哈大笑起來：「我現在不正在海邊曬着太陽享受生活嗎？」

這個故事的本意是要大家想一想人生的根本目的是甚麼，不要把實現目的的手段當成了目的本身。故事中的漁夫可以說是一個伊壁鳩魯的信徒。對於漁夫而言，精神世界的寧靜和閒適是第一位的，收穫了內心世界的快樂就收穫了真正的幸福。

但是，任何事情我們都要辯證地看待，看到它的正反兩面。

漁夫當然有權利選擇自己想要的生活，但大家有沒有想過，如果人人都像漁夫這樣淡然，那麼社會也就不會進步了。伊壁鳩魯的信徒雖然並不反對社會，但他們也無意融入社會。伊壁鳩魯和第歐根尼一樣，讚賞隱居的生活，因為這樣可以擺脫對周圍環境的依賴，讓人不受財富、榮譽、權力、地位的影響，從而獲得精神上的自由。

馬克思早年對伊壁鳩魯的哲學很感興趣，他稱讚伊壁鳩魯是「古希臘偉大的啟蒙思想家」，但他並不滿足於伊壁鳩魯所說的那種幸福。馬克思在《青年在選擇職業時的考慮》這篇文章中寫道：「如果我們選擇了最能為人類福利而勞動的職業，那麼，重擔就不能把我們壓倒……我們的幸福將屬千百萬人，我們的事業將默默地、永恆地存在並發揮作用……」

在馬克思看來，個人幸福不僅是應該追求自己心靈的自由，而且應該與人類幸福息息相關，人們應該到社會的汪洋大海中去尋求自己的價值，這種幸福感是更加恒久的。

小知識 ❶

希臘化時期的哲學

亞歷山大大帝的馬其頓王國崛起之後，古希臘原有的城邦政治和社會秩序都受到了衝擊。連續不斷的戰爭打破了人們平靜的生活，道德敗壞的情況也讓很多人感到悲觀。另一方面，古希臘文化與其他文化之間的交流也變多了。哲學家不再關心宇宙和世界的規律，也不再追問國家的前途，而是想搞清楚關於心靈的問題——一個人在動盪、混亂的社會中，怎樣才能找到真正的幸福呢？

用一句流行的話來講就是：「當你享受歲月靜好的同時，不要忘記有人在負重前行。」

所以，我們對伊壁鳩魯的學說，需要真正理解，也需要正確理解。

我們需要更積極地面對學習，面對生活，面對今後的人生之路，但同時，有時也別忘記停下匆忙的腳步，想一想自己有沒有找到內心的快樂和幸福。

小知識 ❷

快樂哲學

伊壁鳩魯認為人生的幸福來自快樂，精神的快樂比感官的快樂更重要。而快樂也不是甚麼難事，沒有痛苦就是快樂，這樣就獲得了精神上的自由。

小知識 ❸

辯證地看待「快樂哲學」

一方面，我們需要更積極地面對學習，面對生活，面對今後的人生之路；另一方面，有時也別忘記停下匆忙的腳步，想一想自己有沒有找到內心的快樂和幸福。

第十五章

另一個芝諾（Zeno of Stoic）

節制自己的慾望

芝諾

BC340?~265?

斯多葛學派的芝諾，和那個提出悖論的芝諾姓氏相同，於是根據西方人的習慣，大家就以二人的出生地來區分他倆。古典時期的那位被稱為「愛利亞的芝諾」，而希臘化時期的這位被稱為「塞浦路斯的芝諾」。

塞浦路斯

在上一章，我們說到伊壁鳩魯學派有一個死對頭——斯多葛學派。

這一章，我們就要來說說斯多葛學派的創始人。不過他可沒有做過甚麼不成器的事情，反而因為極強的道德自律受到人們的尊敬。

他的名字叫芝諾。

等一下，芝諾不是蘇格拉底以前的哲學人物嗎？他不是提出過很多悖論嗎？他不是「包拗頸」嗎？

哈哈，其實他們只是兩個同名的人。這一章的斯多葛學派的芝諾，和之前那個提出悖論的芝諾姓氏相同，於是根據西方人的習慣，大家就根據二人的出生地來區分他倆。古典時期提出悖論的那位被稱為「愛利亞的芝諾」，而希臘化時期的這位被稱為「塞浦路斯的芝諾」。

崇尚簡樸的生活

其實，我們可以從這兩位芝諾的出生地看出古希臘哲學的變遷。

愛利亞在意大利南部，當時也是古希臘的一個城邦，愛利亞的芝諾是希臘人；塞浦路斯則是地中海東部的一個島嶼，位於歐洲和亞洲交界的地方，塞浦路斯的芝諾是腓尼基人。說到腓尼基人，這是一個古老的民族，他們曾在地中海東岸一帶建立過高度文明的國家。就在亞歷山大大帝東征之後，腓尼基人長期被希臘人、羅馬人統治，後來他們的文明就在歷史中消亡了。

塞浦路斯的芝諾能夠成為古希臘的重要哲學家，正可以體現出希臘化時代的文化交流。在古希臘文化向東傳播的同時，中東的文化甚至印度文化也影響了希臘。塞浦路斯的芝諾的思想淵源來自雅典，但他的哲學思想又帶有鮮明的東方色彩。

有意思的是，在希臘人眼中，來自塞浦路斯的芝諾就是一個典型

古典時期提出悖論的那位被稱為「愛利亞的芝諾」(Zeno of Eleatic)，而希臘化時期的這位被稱為「塞浦路斯的芝諾」。

的「外邦人」形象：他瘦骨嶙峋，小腿卻很粗，身材比例有點失調，而且總是歪着腦袋，看上去病懨懨的——要知道，希臘人是以健美勻稱作為人體的審美標準的。

一個外邦人跑到雅典搞哲學，能得到當地人的認可嗎？

芝諾還真的辦到了。

芝諾的家族就像很多腓尼基人一樣，從事航海和貿易活動。

他的父親就是一個商人。在芝諾廿二歲那年，他帶了一船紫色染料從腓尼基航行去希臘東南部的港口比雷埃夫斯，結果路上遇到了海難，他狼狽地上了岸，來到雅典。在這裏，他遇到了自己人生的重要轉折點。

他走進一家書店，翻開了色諾芬《回憶錄》的第二卷，色諾芬也是蘇格拉底的學生，這本書裏記錄了色諾芬的老師蘇格拉底的學說和言行。芝諾被蘇格拉底的德行和口才折服了，他高興極了，

芝諾非常崇尚簡樸的生活。

連忙向人們打聽哪裏才能找到像蘇格拉底這樣的人。這時候犬儒學派哲學家克拉特斯剛好從旁邊經過，於是書店的老闆指着他對芝諾說：「跟那個人去吧！」於是芝諾就成了克拉特斯的學生。

從這段經歷就可以看出，蘇格拉底和犬儒學派對芝諾的影響——譬如，芝諾就非常崇尚簡樸的生活。

芝諾在「艱苦樸素」這方面可以說是登峰造極。古希臘有一句俗語，叫「比哲學家芝諾更寒酸」，就是用來形容那些對物質享受沒有甚麼興趣的人。芝諾總是穿着破爛的大衣，吃的東西也不講究。芝諾最喜歡吃的食物是麵包、蜂蜜和綠色無花果，如果再能喝一點葡萄酒，那在他看來簡直就是一種享受了。

不僅如此，芝諾在道德聲譽方面也直追蘇格拉底和第歐根尼這兩位前輩。芝諾在世的時候以品行端正著稱，而且他很愛惜自己的「羽毛」，盡可能避免不必要的社交，很少去參加大型聚會。雅典的年輕人都很願意拜他為師，馬其頓國王每次來到雅典都要去聽他的演講。雅典人甚至將城邦金庫的鑰匙交給他來保管，以此

來表示對他的信任和尊敬。人們還為他製作了銅像，在他還活着的時候就為他造好了紀念碑。

追求快樂的伊壁鳩魯在花園裏建了自己的學校，而嚴肅的芝諾講學的地方也格外典雅莊嚴。他常在一個圓柱大廳裏給學生上課，大廳的牆壁上是藝術家波呂格諾托斯繪製的許多壁畫。「廊柱」在古希臘語裏叫 Stoa，於是人們把這個學派稱為 The Stoics（斯多葛）。

反對快樂哲學

芝諾是堅決反對伊壁鳩魯所倡導的「快樂哲學」的。

芝諾認為，伊壁鳩魯的這種學說是在引誘年輕人，讓他們的靈魂放棄對自身責任的追尋。但其實我們發現，這兩位哲人還有不少相似的地方：

他們都宣揚要「按照自然生活」；他們本人都過着非常樸素的生活，強調精神生活的重要性。但是他們的學說又如此針鋒相對——一個提倡要快樂，一個提倡要**節制自己的慾望**。

芝諾認為，感官是靠不住的，生活的意義並不在於快樂和享受，而且情緒的波動可能會讓人喪失理智，所以人要懂得控制自己的情感。因此也有人把芝諾的學說稱為「**禁慾主義**」。西方有個諺語叫「斯多葛式的冷靜」，用來指那些不會感情用事的人。

那麼如果按照芝諾的觀點，人要怎樣才能獲得真正的幸福呢？

芝諾說，要靠德行。他把德行看作人的生命裏最重要的東西，至於財富、名譽、健康這些在德行面前都是微不足道的。一個有德行的人就算很窮，也不會丟掉自己的品格；一個有道德的人就算被處死，也不會改變他的德行。

在這一點上，斯多葛學派的觀點倒有點像中國的儒家學說——講究道德。

孔子曰：「君子懷德，小人懷土。」（《論語．里仁》）

孟子曰：「富貴不能淫，貧賤不能移，威武不能屈，此之謂大丈夫。」（《孟子．滕文公下》）

那芝諾的這個學說有甚麼特別嗎？畢竟在不同時代、不同國家，人們都會強調道德的重要性。

道德就是心靈與理性的和諧

要想弄懂這一點，可以先思考一個問題：

人們內心的道德感是由何而來的呢？

是老師、家長教的，還是我們自己內心本來就有的？人為甚麼按照道德規範去行事呢？是想得到別人的表揚，還是希望別人也這

麼對自己，或者是純粹就是願意這麼做？還有，我們怎樣才能區分真正的善和真正的惡呢？

這些問題不是幾句話能講清楚的，古今中外的智者都提出過自己的看法，可能也沒有標準答案。而芝諾的貢獻就在於他提出自己對道德的見解——這個見解對後來幾百年的哲學、宗教的發展都產生了很大的影響。

我們知道芝諾非常崇敬蘇格拉底。這位先賢面對死刑判決不為所動，拒絕逃跑，人生的苦難絲毫沒有動搖蘇格拉底內心的道德準則。

然而，芝諾所說的道德跟蘇格拉底所維護的道德已經不是同一回事了。

蘇格拉底服從了公民陪審團的判決，因為他對雅典的民主政治還抱有希望，他所捍衛的是城邦的道德。但是時代已經變了，希臘化時期的人們已經不相信城邦的法律還能維護善良、正義和公

斯多葛學派的觀點倒有點像中國的儒家學說——講究道德。

平。那麼還有甚麼是可靠的、永恆不變的呢？

那就是宇宙，是自然。

芝諾認為，宇宙是一個統一的整體，肯定存在着一種能夠解釋萬事萬物的普遍法則——其實這就是赫拉克利特所說的「邏各斯」。

那麼，早在普羅達哥拉斯的時候，哲學家已經慢慢把古希臘哲學的目光從自然界拉到「人」身上了。為甚麼到了塞浦路斯的芝諾這裏，他又重新開始關注「自然」了呢？那是因為他的想法跟赫拉克利特並不一樣——赫拉克利特探索自然是為了理解這個宇宙的本質和規律，而芝諾研究自然的真正目的還是要回到人，是要真正了解「人」。他說，**人身上也體現了自然法則**。人的理性就是邏各斯的一部分。人能夠憑藉自己的理性來認識真理，也能夠憑藉自己的理性來服從宇宙的自然法則。

這，就是道德。

那麼人怎樣才能實現這種道德呢？那就是跟自然保持一致，也就是跟自己的心靈保持一致。因此，芝諾說「**道德就是心靈與理性的和諧**」。芝諾把這種和諧叫作自我實現，他認為這是人不能迴避的責任。

在這裏，或許我們就可以感受到芝諾思想的東方色彩了。

許多東方的文明都很重視心靈與自然的和諧。雖然芝諾肯定沒有聽說過中華文化，但他的思想跟中國古人不謀而合了。讓我們來看看「道德」這兩個字。在《老子》這本書裏，「道」指的是世界的最高原則，而「德」是萬物所稟受的天道，人身上的德行也就是人所稟受的天道。

老子的學說後來成為道教的理論依據，而芝諾的學說裏也帶有很多宗教色彩。在芝諾看來，神、自然、命運、心靈都是同一個東西。他認為信奉宗教並不在於祭拜神靈的那些儀式，而是盡可能地讓人跟神保持一致。世界是神聖的，因此人也就分享了這種神聖性。

小知識 ❶

簡樸的芝諾

古希臘有一句俗語，叫「比哲學家芝諾更寒酸」，用來形容那些對物質享受沒有甚麼興趣的人。他總是穿着破爛的大衣，吃的東西也不講究。芝諾最喜歡吃的食物是麵包、蜂蜜和綠色無花果，如果再能喝一點葡萄酒，那在他看來簡直就是一種享受了。

芝諾創立的斯多葛學派其影響一直延續到羅馬帝國時代，後期斯多葛學派的代表人物甚至要比早期的更有名，其中就有羅馬帝國的皇帝馬可·奧勒留。法國哲學家孟德斯鳩曾經這樣盛讚斯多葛學派：「只有這個學派懂得如何培養公民，只有它培養了偉大的人物，只有它培養了偉大的帝王。」

然而，到了羅馬帝國時代，古希臘哲學已經大不如前了。

公元三九三年，羅馬皇帝狄奧多西一世宣佈基督教成為羅馬帝國的國教。此後隨着羅馬教廷的興起，歐洲進入了長達一千年的中世紀。

而古代西方哲學的巔峰，就此過去了。

小知識 ❷

芝諾的「道德」

芝諾認為人生的意義並不在於快樂，而在於道德。他心目中的道德來自人身上的自然法則。人的責任就是盡可能地跟自然保持一致，所以他說「道德就是心靈與理性的和諧」。

小知識 ❸

中外智者關於「德」的一些相通之處

老子說，「道」指的是世界的最高原則，而「德」是萬物所稟受的天道，人身上的德行也就是人所稟受的天道。

孔子說：「君子懷德，小人懷土。」

孟子說：「富貴不能淫，貧賤不能移，威武不能屈，此之謂大丈夫。」

芝諾說，人能夠憑藉自己的理性來認識真理，也能夠憑藉自己的理性來服從宇宙的自然法則。這，就是道德。

像哲學家一樣會思考

著者
張瑋、沈文婕

責任編輯
梁卓倫

裝幀設計
鍾啟善

排版
楊詠雯

出版者
萬里機構出版有限公司
香港北角英皇道 499 號北角工業大廈 20 樓
電話：2564 7511　　傳真：2565 5539
電郵：info@wanlibk.com
網址：http://www.wanlibk.com
http://www.facebook.com/wanlibk

發行者
香港聯合書刊物流有限公司
香港荃灣德士古道 220-248 號荃灣工業中心 16 樓
電話：2150 2100　　傳真：2407 3062
電郵：info@suplogistics.com.hk
網址：http://www.suplogistics.com.hk

承印者
美雅印刷製本有限公司
香港觀塘榮業街 6 號海濱工業大廈 4 樓 A 室

出版日期
二〇二二年八月第一次印刷

規格
特 16 開（220 mm × 150 mm）

ISBN 978-962-14-7393-6

原書名：《讓孩子像哲學家一樣會思考》
作者：張瑋、沈文婕
本書中文繁體版由讀客文化股份有限公司經光磊國際版權經紀有限公司
授權萬里機構出版有限公司在香港、澳門獨家出版、發行。